도시곳간
반찬
이야기

도시곳간 반찬 이야기

○

민요한 지음

서사원

프롤로그

'요리사'라는 꿈을 갖고 달려온 15년, 앞으로도 도전은 계속된다!

저는 어릴 적부터 학업에는 정말 관심이 없던 학생이었습니다. 전교생 300여 명 중 280등 언저리에 머물던 꼴통이었지요. 하지만 요리를 매우 좋아해서 유년 시절부터 꿈은 늘 '요리사'였습니다. 중학생 때는 '양식 조리사 자격증'을 따기 위해 두께만 10cm가 넘는 묵직한 조리기능사 책을 들고 다니며 필기시험 공부를 했었어요. 음식을 만드는 건 누구보다 자신 있었지만, 이론 시험은 제게 정말 큰 난관이었습니다. 무려 7번이나 필기시험에서 떨어졌고, 8번째 도전에서야 드디어 필기시험에 붙었으니까요. 대신 실기시험은 한 번에 붙었습니다. 중학교 2학년 때 취득한 '양식 조리사 자격증'을 시작으로 총 5개의 자격증을 딸 동안 모든 실기시험에서는 단 한 번도 떨어지지 않았어요.

부모님께서는 제가 학업에 뜻이 없다는 걸 일찍 알아채셨어요. 하지만 "공부해라!" "학원 다녀라!" 잔소리하시는 대신 어릴 때부터 좋아하는 여행을 하며 많은 경험을 쌓으라고 하셨습니다. 그래서 학원비를 모아 중학교 1학년 때부터 혼자 배낭여행을 보내주셨어요. 훌륭한 요리사가 되려면 세계의 다양한 음식을 먹어보고 배워보며 입이, 눈이, 귀가 기억할 수 있게 해야 한다면서요.
가보고 싶은 나라를 정해 항공권을 결제하고 숙소를 예약할 때마다 정말 신이 났어요. 예산이 한정되어 있던 터라 여행 중 하루는 그 나라에서 가장 좋은 5성급 호텔의 분위기, 방, 서비스, 음식들을 경험하고 나머지 날은 저렴한 게스트하우스에서 숙박했어요. 덕분에 최고급 미슐랭 레스토랑 메뉴부터 길거리 노점 음식까지 다양하게 먹어보는 경험을 했어요. 아직 어린 저에게 친절을 베푸는 현지인도 많아 혼자서도 무사히 여행할 수 있었습니다.

이렇듯 어릴 때부터 태국, 인도, 미얀마, 라오스, 캄보디아, 홍콩, 중국, 일본, 마카오, 미국, 캐나다, 영국, 네덜란드, 프랑스 등 30여 개국을 여행했습니다. 새로운 사람들을 만나고, 새로운 음식을 먹고 직접 만드는 법도 배워보았던 경험이 '나도 세계적으로 움직이는 요리사가 되고 싶다'라는 꿈을 실현하고 싶은 원동력이 되어 주었습니다.
어느새 저는 마음속에 세계 3대 명문 요리학교 중 하나인 미국 CIA(Culinary Institute of America) 요리학교를 경험하고 싶다는 꿈을 키우고 있었습니다. CIA 진학 결심을 굳힌 고등학교 2학년 때부터 그동안 하지 않던 영어 공부를 시작했어요. 영어단어를 오늘은 300개, 내일은 600개, 모레는 900개씩 계속 늘려가며 끊임없이 공부하느라 늘 제 손에는 영어 단어장이 쥐여 있었지요. 이런 제 모습에 주위 모든 사람이 놀랄 정도였어요. 그렇게 노력한 결과 저는 꿈에 그리던 미국 CIA 요리학교에 합격했습니다.

그토록 꿈에 그리던 곳이었는데, 막상 입학하고 보니 요리 기초가 탄탄했던 저에게는 학교 수업이 지루하고 재미없게 느껴졌습니다. 이런 제가 스스로 당황스러울 정도로요. 그래서 주말마다 뉴욕에 있는 미슐랭 레스토랑을 돌아다니며 무급 아르바이트를 했습니다. 많은 양의 설거지를 효율적으로 하는 방법부터 허브를 다루는 법, 칼질하는 법, 주방 시스템을 익히는 법, 직원들과 소통하는 방법 등에 관해 많은 것을 배웠던 시간이었습니다.

그렇게 CIA 요리학교에 재학하며 동시에 샌프란시스코에 있는 미슐랭 1스타 레스토랑 셰프로 일하다 군 복무를 위해 학교를 휴학하고 한국으로 돌아왔습니다. 그때까지 저는 부모님의 사업이 그렇게 어려워졌으리라고는 생각하지 못했어요. 전역 후 다시 미국으로 돌아갈 생각이었지만, 저는 부모님을 돕겠다고 결정했습니다. 그렇게 한 번도 배워보지 않았던 반찬 가게 사업에 뛰어들었어요. 대중적으로 인기 있고 모두가 즐기는 경험을 할 수 있는 오프라인 공간을 만들고 싶었습니다. 그래서 카페부터 마트, 백화점까지 분위기 좋고 인기 있는 모든 공간을 찾아다니며 닥치는 대로 벤치마킹했습니다.

기존의 '반찬 가게'를 떠올리면 대부분 사람이 시장 한 귀퉁이에 있는 조그마한 가게와 일회용 스티로폼 접시에 담겨 랩으로 둘둘 싸진 반찬을 떠올리실 듯해요. 사람들도 시장 가게에서 반찬을 산 후 검은색 비닐봉지에 담아달라고 합니다. 내가 어디서 무엇을 샀는지 남에게 보이고 싶지 않거든요. 반면 백화점 식품관에서 반찬을 산 사람들은 자신이 무엇을 샀는지 남들에게 감추려고 하지 않습니다. 누군가에게 무엇을 샀노라고 당당히 말하기도 하지요. 그런 모습들을 보고 이 차이는 왜 생기는 것일까 고민하고 또 고민했습니다.

고민 끝에 기존 반찬 가게들은 사람들이 들어오기 부담스럽게 되어 있기 때문이라는 결론을 내렸어요. 게다가 제대로 브랜딩이 되지 않은 곳도 대부분이고요. 저는 꼭 주부가 아니어도 남녀노소 누구나 쉽게 들어와 구경하거나 즐거운 경험을 할 수 있는 반찬 가게를 만들고 싶었습니다. 그래서 '반찬 가게' 대신 '반찬 편집숍'을 만들었어요. 단순히 반찬만 파는 곳이 아닌, 소규모 농가와 청년 농부가 만드는 건강한 농수산물과 공산품, 청년 셰프들의 요리를 함께 선보일 수 있는 공간을 만들고 싶었어요. 그래서 도시 소비자가 시골 생산자를 만날 수 있는 곳간인 〈도시곳간〉을 만들게 되었습니다.

처음에는 반찬과 공산품 정도만 판매했지만, 지금은 지역별 매장에 따라 구성을 계속 바꾸는 '팝업 스토어 형식'으로 운영하고 있습니다. 젊은 부부가 많은 신도시 매장에는 특색 있는 메뉴와 아이들이 좋아하는 간식 종류를 많이 진열하고요. 목동이나 강남 같은 유동 인구가 많은 매장에는 반찬만 사러 오는 곳이 아닌, 지나가는 길에 그냥 잠깐 들러 커피 한 잔 마시며 쉴 수 있는 편안한 카페처럼 느껴질 수 있게 베이커리와 커피 등의 음료, 과일까지 함께 진열합니다.

또한 〈도시곳간〉에서는 한 번에 많은 양이 담긴 반찬을 판매하기보다 한두 끼 맛있게 먹을 수 있는 양만큼만 포장해 반찬을 팝니다. 매장에서 오늘 아침에 직접 만든 음식이 그날 저녁 고객님들의 식탁에서 다 먹을 수 있도록요. 반찬이라는 게 그렇습니다. 오늘 맛있게 먹었어도 내일이면 맛없게 느껴질 수 있거든요. 그러한 경험이 반복되면 자연스레 반찬 가게 이미지도 나빠집니다. 그래서 〈도시곳간〉을 방문하는 대부분 고객님은 일주일에 평균 3~4번씩 방문하십니다. 어젯밤 식탁에서 맛있게 먹었던 반찬이 또 생각나서요. 자주 오시는 고객님일수록 맛에 관한 피드백도 편하게 하시는데요, 이 덕분에 다수가 호불호 없이 먹을 수 있는 대중적인 맛을 찾을 수 있게 끊임없이 레시피를 연구하는 힘이 되고 있습니다.

〈도시곳간〉을 찾아주시는 고객님들, 그리고 이 책 『도시곳간 반찬 이야기』를 읽으시는 독자님들이 〈도시곳간〉을 방문하거나 책을 펼쳐 읽으실 때마다 즐겁고 행복한 순간이 되셨으면 좋겠습니다. 그러다 언젠가는 직접 레시피를 따라 요리를 만들어보시길 바랍니다. 먹을 때마다 어떻게 만들었는지 궁금했지만 알 길 없었던 〈도시곳간〉만의 요리 레시피를 아낌없이 담았거든요. 매일 100인분씩 만들던 레시피를 2인분 기준으로 부담 없이 소량화했고, 매장에서 파는 반찬보다 더 맛있게 만들어질 수 있게 출간 직전까지 연구해 수정하고 또 수정했습니다. 언젠가 〈도시곳간〉 레시피에 익숙해져 기본적인 맛에 충실하면서도 자신의 손맛이 더해진 나만의 시그니처 요리 레시피를 만드셨다면 정말 기쁠 거예요.

〈도시곳간〉을 믿고 함께 해주시는 농부님들, 각 매장을 든든히 지키는 직원분들, 그리고 가장 중요한 고객님들 덕분에 〈도시곳간〉은 끊임없이 배우고 계속 성장하며 앞으로 나아가고 있습니다. 지면을 빌어 감사함을 전합니다.

저는 〈도시곳간〉의 대표로서 직원들을 더 생각하고 더 좋은 복지를 창출해 내기 위해 노력하겠습니다. 또한 고객님들이 편하게 방문해 쉴 수 있는 공간이자 가족과 함께 머무를 수 있는 공간을 만들고 더불어 안전한 식탁을 만들기 위해 더 겸손하게 연구하고 개발하겠습니다.

감사합니다.

_〈도시곳간〉 대표, 민요한 올림

목차

프롤로그 005

PART I
반찬 만들기가 쉬워지는 밑 준비 가이드

필수 조리 도구 소개 015

망하지 않는 기본 계량 &
계량 조절 & 불 조절 가이드 016

반찬 재료로 많이 쓰이는
기본 식자재 소개 019

반찬 재료로 많이 쓰이는
기본 식자재 써는 법 소개 027

맛을 보장하는 기본 양념 &
감칠맛을 더하는 비법 양념 소개 031

가장 쉽게 맛을 업그레이드하는
기본 맛국물 소개 035

만든 밑반찬 보관 &
마지막까지 맛있게 먹는
비법 소개 037

PART II
무침 & 나물 반찬

흑임자버섯무침 041
취나물볶음 043
유채나물무침 045
도라지고추장무침 047
무말랭이무침 049
김무침 051
오이고추쌈장무침 053
곤드레나물볶음 055
궁채나물볶음 057
도라지나물볶음 059
마늘종무침 061
파래무침 063
숙주나물무침 065
콩나물무침 067
부지깽이나물볶음 069
황태포무침 071
호박고지나물볶음 073
오이무침 075
고구마줄기볶음 077
시금치나물무침 079
고사리나물볶음 081
더덕무침 083
무나물볶음 085

PART III
조림 & 장아찌 & 피클 반찬

연근조림 089

반숙란장조림 091

감자조림 093

검은콩조림 & 땅콩조림 &
씨앗콩조림 095

소고기장조림 & 돼지고기장조림 097

두부조림 099

메추리알장조림 101

고등어조림 103

우엉조림 105

모둠채소피클 & 줄리엔피클 &
비트채소피클 107

무꼬들장아찌 & 양파장아찌 &
고추장아찌 & 궁채장아찌 109

방울토마토매실절임 111

PART IV
볶음 반찬

가지강정볶음 115

미역줄기볶음 117

두부김치볶음 119

진미채볶음 121

소시지채소볶음 123

애호박볶음 125

실치볶음 & 아귀포볶음 127

보리새우마늘종볶음 129

오징어실채볶음 131

가지볶음 133

건새우볶음 135

건가지볶음 137

그린빈표고버섯볶음 139

감자채볶음 141

어묵볶음 & 매콤어묵볶음 143

들깨표고버섯볶음 145

두부강정볶음 147

명엽채볶음 149

멸치볶음 & 호두멸치볶음 &
꽈리멸치볶음 151

목이버섯볶음 153

김치볶음 155

고추장멸치볶음 157

참치김치볶음 159

새송이버섯볶음 161

PART V
국 & 탕 & 찌개

소고기뭇국 165

돼지고기김치찌개 167

꽃게탕 169

갈비탕 171

김치콩나물국 173

육개장 175

황태뭇국 177

순두부찌개 179

알탕 181

소고기미역국 183

차돌박이된장찌개 185

우거지된장국 187

들깨미역국 189

PART VI
일품요리

어향가지 193
보쌈 195
카레 197
코다리조림 199
돼지갈비찜 201
찜닭 203
함박스테이크 205
잡채 207
치킨윙간장조림 209
미트볼카레 211
소불고기전골 213
단호박오리찜 215
제육볶음 217
소불고기볶음 219
돼지고기김치찜 221
연어스테이크 223
닭갈비 225
달걀말이 227
마파두부 229
고등어구이 231

감태김밥 233
유부초밥 & 날치알유부초밥 235
달걀찜 237
동그랑땡 239
통삼겹김치찜 241
닭볶음탕 243
양념게장 245
짜장 247
떡갈비 249
돼지불고기 251
닭다리구이 253

재료별 INDEX 254

PART I

반찬 만들기가
쉬워지는
밑 준비 가이드

필수 조리 도구 소개

시중에는 더 쉽게 요리하고 더욱더 예쁘게 만들 수 있게 하는 쓸모 있는 조리 도구가 참 많은데요, 〈도시곳간〉에서는 밑반찬을 만들 때 있으면 편리한 조리 도구 위주로 소개합니다.

계량컵
'액체'와 '가루'의 양을 계량할 때 편리하게 사용할 수 있다. 가정에서는 50mL~500mL 용량 정도면 충분하다. 재질은 플라스틱, 강화유리, 도자기, 스테인리스 등 다양하게 나와 있다.

계량스푼
대부분 재료를 소량 계량할 때 사용한다. 크기는 1/8t(티스푼)부터 1T(테이블스푼)까지 있다. 다양한 재질에 디자인까지 예쁜 계량스푼이 많으니 취향대로 골라 사용하는 재미도 있다.

주방저울
요리 재료의 양을 잴 때 사용한다. '디지털 방식'과 '아날로그 방식'이 있는데, 가정에서는 최소 1g부터 최대 1~2kg까지 측정 가능한 '디지털 방식'의 주방저울을 사용하기를 추천한다.

조리용 주방 도구
숟가락, 젓가락, 국자, 뒤집개, 주걱, 브러쉬, 스패츌러, 매셔, 거품기, 집게 등이 있다. 시중에 나무, 스테인리스, 실리콘 등 다양한 소재에 다양한 디자인으로 나와 있는데, 손잡이 길이가 긴 것으로 골라 사용하면 열기를 피해 조리하기 편하다.

체 & 채반 & 채망
'체'는 가루(파우더) 재료를 좀 더 곱게 쳐서 넣을 때 사용하는 도구로 작은 사이즈로 갖춰두면 좋다. '채반'과 '채망'은 조리된 음식의 물기 혹은 기름기를 빼거나 한 김 식혀야 할 때 재료를 받쳐 사용하면 편하다.

칼 & 가위 & 필러 & 채칼(슬라이서)
음식 재료를 손질할 때 사용하는 도구들이다. '칼'은 큼지막한 재료를 썰 때 사용하고, '가위'는 작은 재료를 썰거나 손질할 때 사용한다. '필러'는 채소와 과일의 껍질을 깔끔하게 벗길 수 있고, '채칼'은 재료를 일정한 크기와 두께로 편하게 썰 수 있다.

도마
음식 재료를 올려 썰거나 다지는 도구이다. 채소/육류/해산물/김치 등 식자재별로 구분하여 사용하면 더욱 더 위생적으로 쓸 수 있다.

믹싱볼
음식 재료를 무치거나, 양념 재료를 담아 섞거나, 양념에 재울 때 사용한다. 주로 스테인리스 재질을 많이 사용하고 어느 정도 높이감이 있는 거로 골라 대/중/소 크기별로 갖추어두면 좋다.

냄비 & 프라이팬 & 궁중팬(웍)
끓이고, 삶고, 볶는 등 음식 재료를 익힐 때 사용하는 도구들이다. 다양한 재질이 있는데 조리 시간을 줄이고 관리가 쉬우며 위생적인 스테인리스 재질을 추천한다. 2인분 조리 기준으로 지름 18cm 정도의 크기를 사용하면 좋다.

키친타월
물기나 기름기, 핏물 등을 제거하거나 닦을 때 사용한다. 음식 재료에 직접 닿는 도구인 만큼 위생적이고 도톰하게 두께감 있는 제품으로 골라 사용한다.

찜기
음식 재료를 뜨거운 열기로 찔 수 있는 도구이다. 스테인리스, 실리콘, 대나무, 편백 등 다양한 재질로 나와 있는데, 요즘은 전자레인지에 쓸 수 있고 위생적으로 관리할 수 있는 실리콘 재질을 많이 사용한다.

망하지 않는 기본 계량 & 계량 조절 & 불 조절 가이드

"책에서 하라는 대로 했는데 왜 나는 이렇게 맛이 없지?!"라고 말하시는 분 손? 혹시 '요리는 느낌대로!'라며 하고 계시지는 않나요? 만들 때마다 일정한 맛을 유지하는 비법은 '계량'과 '불 조절'에 있습니다. 〈도시곳간〉과 함께 계량하고 조절하는 습관을 만들어볼까요?

기본 계량 & 계량 조절 가이드

'계량컵'과 '계량스푼'을 사용할 때는 평평한 곳에 놓고 사용한다. '액체'를 계량할 때는 가장자리가 넘치지 않을 정도로 담는다. '다진 재료' '가루' '되직한 양념 재료' '곡물 등 알갱이 재료'를 계량할 때는 가득 담은 후 젓가락 등으로 윗부분을 평평하게 깎아 담는다.

이 책에서는 모든 요리가 2인분 혹은 1인분(일품요리) 기준으로 재료가 계량되어 있는데, 조리하는 양이 늘어난다면 책에 표기된 계량보다 10% 정도 더 추가해 계량한다. 그럼 재료별 수분량과 조리하며 날아가는 증발량에 따라 간을 맞출 수 있다. 재료가 배로 늘었는데 양념은 배로 늘지 않는 이유는, 음식은 식으면 생각했던 것보다 더 짜지기 때문이다. 그러니 생각했던 것보다 조금 더 싱겁게 조리해야 한다.

계량컵(Cup)

- 1컵
= 200mL = 200g

- 3/4컵
= 150mL = 150g

- 1/2컵
= 100mL = 100g

- 1/4컵
= 50mL = 50g

계량스푼(T=테이블스푼)

- 1T
= 15mL = 15g

- 1/2T
= 7.5mL = 7.5g

계량스푼(t=티스푼)

- 1t
= 5mL = 5g

- 1/2t
= 2.5mL = 2.5g

- 1/4t
= 1.25mL = 1.25g

- 1/8t
= 0.63mL = 0.63g

불 조절 가이드

요리는 불 조절만 잘해도 기본 이상의 맛과 풍미를 낼 수 있다. 이 책에서는 조리 과정마다 적절한 불의 세기를 힘께 표기하고 있는데 불의 세기, 특히 가스레인지 불은 가정마다 화력이 조금씩 다르기 때문에 아래의 그림을 참고해 불의 세기를 조절해보자.

약한 불(인덕션은 1~3)

팬을 천천히 달굴 때, 액체의 표면이 조금씩 끓을 때, 조리 막바지에 뜸을 들일 때 등에 사용한다.

중간 불(인덕션은 4~6)

팬을 재빨리 달굴 때, 재료를 빠르게 굽거나 볶거나 조려야 할 때, 액체를 한소끔 끓일 때, 튀김을 위해 기름을 달굴 때 등에 사용한다.

강한 불(인덕션은 7~9)

재료를 짧은 시간에 끓이거나 굽거나 볶거나 삶거나 쪄서 수분을 날릴 때, 국물에 재료의 맛을 우려낼 때 등에 사용한다.

반찬 재료로 많이 쓰이는 기본 식자재 소개

〈도시곳간〉은 맛있고 건강한 요리를 만들기 위해 좋은 재료를 생산하는 전국의 농부님들을 찾아 꾸준히 교류하고 협력하며 식자재를 공급받습니다. 이 책에서 가장 많이 사용한 식자재를 '생채소' '말린 채소' '건어물&해산물&해조류' '닭&소&돼지&알' 종류로 나누어 소개합니다.

생채소

가지, 그린빈, 단호박, 방울토마토, 애호박, 오이, 파프리카, 피망
대표적인 열매채소들이다. 모두 껍질째 먹을 수 있다. 촉감이 탄탄하고 상처가 없는 것으로 고른다.

감자, 고구마, 당근, 더덕, 도라지, 마늘, 무, 비트, 양파, 연근, 우엉
대표적인 뿌리채소들이다. 구이, 볶음, 조림, 절임, 탕 등 다양한 요리에 쓰인다. 상처가 없고 묵직한 것으로 고른다.

고구마줄기, 마늘종
줄기채소로 초록빛을 띠고 굵기가 일정하며 표면이 짓무르지 않고 윤기 나는 것으로 고른다.

꽈리고추, 오이고추, 청·홍고추, 청양고추
매콤한 맛에 아삭한 식감이 좋은 채소들이다. 매운맛을 낼 때 사용한다. 꼭지가 시들지 않았고 표면에 윤기가 나며 단단한 것으로 고른다.

느타리버섯, 목이버섯, 새송이버섯, 표고버섯
무침, 조림, 절임, 볶음, 탕 등 다양한 요리에 쓰인다. 상처가 없는 탄탄한 것으로 고른다.

대파, 깻잎, 부추, 생강, 쪽파
대표적인 향신채소들이다. 요리에 향을 더하거나 잡내나 비린내를 잡을 때 사용하면 좋다.

도라지, 취나물
산채류 채소들이라 알싸한 향과 쌉쌀한 맛이 특징이다. 나물로 많이 만들어 먹는데, 특히 비빔밥에 잘 어울린다.

베이비채소, 시금치, 알배추, 양배추
베이비채소는 주로 생으로 그대로 먹고, 시금치는 나물로 무쳐 먹는다. 알배추와 양배추는 생으로도 먹지만 구이, 탕, 볶음 등에 사용해도 맛있다.

숙주나물, 콩나물
녹두와 대두를 발아 시켜 싹을 틔운 새싹채소들이다. 무쳐 먹어도 좋고 볶음이나 탕 등으로 익혀 먹어도 좋다.

말린 채소

건 가지
가지를 먹기 좋은 크기로 잘라 햇볕 혹은 건조기에 말린 것이다. 쫄깃쫄깃한 식감이 좋다.

건 고사리나물
고사리를 채취한 후 삶아 말린 것이다. 요리에 사용할 때는 독성과 쓴맛을 제거하는 과정을 꼭 거쳐야 하니 번거롭다면 삶은 후 냉동한 것을 사용한다.

건 곤드레나물
생곤드레나물은 보관 기한이 짧아 대부분 말려 사용한다. 다만 불리는 데 시간이 오래 걸리니 삶은 후 냉동한 것을 사용해도 좋다.

건 궁채나물
마른줄기상추로 오도독한 식감이 좋다. 건 궁채나물은 여러 번 주물러 씻어 묵은내를 제거한 후 불려 사용해야 하니 번거롭다면 불린 궁채나물을 사용한다.

건 목이버섯
저장성을 높이기 위해 주로 말려서 유통된다. 쪼개지거나 갈라지지 않고 잘 마른 것으로 고른다. 씹는 맛을 위해 어느 정도 크기가 큰 것으로 고르는 게 좋다.

건 부지깽이나물
수확 시기가 짧아 대부분 손질해 말리거나 삶아 냉동한 것으로 판다. 그래도 모래가 많이 나오는 편이니 흐르는 물에 여러 번 깨끗하게 씻어 사용해야 한다.

건 유채나물
생유채나물은 봄철에만 구할 수 있어 대부분 건 유채나물을 사용한다. 하루 정도 불린 후 삶아 사용하는데, 번거롭다면 데쳐 냉동한 것을 사용해도 좋다.

건 호박고지나물
늙은 호박 혹은 애호박을 손질해 말린 것으로, 호박의 단맛과 영양이 농축되어 있고 식이섬유소도 풍부하다. 정월대보름 나물로 많이 먹는다.

무말랭이
무를 먹기 좋은 크기로 잘게 썰어 얼렸다 녹였다 반복하며 말린 것이다. 쿰쿰한 냄새가 없고 곰팡이가 피지 않은 것으로 고른다.

삶은 우거지
배추 등 푸성귀의 겉대를 뜯어내 손질 후 삶은 것이다. 국이나 탕으로 만들면 가장 맛있게 먹을 수 있다.

건어물 & 해산물 & 해조류

감태, 건 미역, 다시마, 미역 줄기, 생김, 생미역, 파래
대표적인 해조류들로 씹는 맛이 좋고 바다 내음을 가장 잘 느낄 수 있는 식자재들이다. 대부분 건조 혹은 염장으로 판매되니 물에 씻어 짠맛을 빼고 조리한다.

건 새우, 보리새우, 생새우,
재료 자체를 볶아 먹거나 구워 먹기도 하지만, 국물 요리에 풍미를 높이는 맛국물 재료로도 많이 쓴다. 곱게 갈아 볶음 요리에 넣으면 감칠맛이 확 좋아진다.

곤이, 생선알(명태알), 날치알
곤이와 생선알은 알탕을 끓일 때 사용하고, 날치알은 고명으로 많이 사용한다. 냉동으로 유통되니 물에 담가 해동 후 미림이나 청주 등으로 비린내를 제거해야 한다.

고등어, 코다리
가성비 좋은 국민 생선들이다. 고등어는 구이, 조림 등 담백하게 조리해 먹으면 맛있고, 코다리는 진한 양념의 찜으로 먹으면 맛있다.

꽃게
그 자체로 게장을 담가 먹어도 맛있고, 탕 요리에 넣으면 진하고 감칠맛 있는 국물을 맛볼 수 있게 하는 재료이다. 손질이 번거롭다면 손질된 절단 꽃게를 사용하면 된다.

어묵
다양한 생선의 살을 으깨 소금, 설탕, 전분 등을 넣어 모양을 잡은 후 찌거나 튀겨낸 가공 식품이다. 볶음, 탕 등의 요리에 잘 어울린다.

멸치, 실치
크기는 작아도 영양 면에서는 큰 생선 부럽지 않은 재료들이다. 둘 다 뼈째 요리해 씹는 맛이 좋고 한번 만들면 오래 두고 먹을 수 있어 좋다.

명엽채, 아귀포
명엽채는 명태살, 아귀포는 아귀살로 만드는 것으로 둘 다 부드럽고 쫀득쫀득하다. 간을 진하게 한 무침이나 볶음 요리에 잘 어울린다.

오징어 실채, 진미채
오징어에 소금과 설탕 등으로 간을 더해 말린 후 잘게 자른 게 진미채, 오징어를 얇게 포 떠 말린 후 더욱더 가늘게 자른 게 오징어 실채이다.

황태채, 황태포
겨우내 명태를 수십 번 얼렸다 녹였다 하며 말린 것이다. 먹기 좋게 손질해 무침이나 국으로 요리해 먹어도 되고 맛국물을 낼 때 사용해도 좋다.

닭 & 소 & 돼지 & 알

달걀, 메추리알
닭과 메추리의 알로 신선할수록 껍질이 두껍고 거칠며 무게감이 있는 것으로 고르는 게 좋다.

통닭
대가리와 털, 내장 등을 제거한 것으로 5호(500g)부터 16호(1600g)까지 다양한 크기가 있어 용도별로 골라 사용하기 좋다. 이 책에서는 9~10호 크기를 사용했다.

닭날개
닭고기 중 운동량이 많은 부위로 단백질과 콜라겐이 풍부하다. 껍질에 윤기가 흐르고 살이 통통한 것으로 고른다.

닭다리, 닭다리살(정육)
닭고기 중 가장 근육이 많은 부위로 쫄깃쫄깃해 씹는 맛이 좋다. 뼈가 있는 '북채'와 뼈를 제거한 정육이 있어 용도에 따라 골라 쓰기 좋다.

돼지고기 갈비
뼈와 고기가 함께 붙어 있는 부위로 씹는 맛이 좋다. 요리할 때 뼈에서 나오는 육즙이 맛을 한층 더 풍부하게 한다.

돼지고기 등심, 안심
돼지고기 중 운동량이 적어 부드러운 식감에 담백한 맛이 특징이다. 돈가스, 잡채, 장조림 등을 만들 때 사용하면 좋다.

돼지고기 목살, 삼겹살
살코기와 지방이 적절히 어우러져 구이, 찜, 찌개 등에 가장 많이 사용하고 다지거나 갈아 동그랑땡, 떡갈비, 함박 스테이크 등을 만들 때도 좋다.

돼지고기 뒷다릿살, 앞다릿살
운동량이 가장 많은 부위로 지방이 적고 쫄깃한 식감이 특징이다. 가격이 저렴한 편이라 등심이나 안심 대신 사용하면 가성비 좋게 요리할 수 있다.

소고기 갈비
뼈에 살이 두툼히 붙어 있는 부위로 오래 조리하는 요리에 잘 맞다. 이 책에서는 갈비찜, 갈비탕 등에 사용했다.

소고기 등심, 안심
근육에 지방이 적절히 잘 분포되어 있어 식감이 부드러워 구이, 특히 스테이크로 가장 많이 먹는 부위이다.

소고기 차돌박이
살코기보다 지방이 더 많아 기름진 고기이다. 쫀득쫀득 꼬들꼬들한 식감이라 구이와 샤브샤브로 먹기 좋고 된장찌개에 넣어도 맛있다.

소고기 앞다리, 사태, 우둔, 양지
기름기가 적어 담백하고 근육이 많아 씹는 맛이 좋다. 오래 구우면 질겨지니 물에 넣고 시간을 들여 조리하는 국이나 장조림에 잘 어울리고, 센 불에서 빠르게 굽는 불고기에도 좋다.

반찬 재료로 많이 쓰이는 기본 식자재 써는 법 소개

요리마다 잘 맞는 재료 써는 법이 따로 있습니다. 특히 재료를 조리별로 알맞게 썰면 조리 시간을 줄일 수 있고 식감을 살려 더 맛있게 먹을 수 있지요. 이 책에서 가장 많이 사용한 식자재를 요리별로 손질하는 방법을 소개합니다.

채소 써는 법

감자, 고구마
손질 흐르는 물에 까끌까끌한 수세미로 껍질을 문질러 벗기듯 씻는다. **조림** 먹기 좋은 한입 크기로 깍둑 썬다. **볶음** 채칼을 사용해 일정한 두께로 채 썬다. **국&찌개** 조금 작은 듯한 한입 크기로 깍둑 썬다. **찜&탕** 큼직하게 썬다.

느타리버섯, 표고버섯
손질 밑동을 자르거나 기둥을 뗀 후 젖은 키친타월로 지저분한 부분을 닦는다. **무침&볶음** 먹기 좋게 2~3가닥으로 찢고(느타리), 비슷한 두께로 편 썬다(표고). **국&찌개** 먹기 좋게 한 가닥씩 찢고(느타리), 조금 가는 두께로 편 썬다(표고). **찜&탕** 먹기 좋게 2~3가닥으로 찢고(느타리), 4등분으로 썬다(표고).

당근
손질 흐르는 물에 깨끗이 씻은 후 필러로 껍질을 벗긴다. **무침&볶음** 다른 재료와 비슷한 크기와 두께로 깍둑 혹은 채 썬다. **국&찌개** 조금 작은 한입 크기로 깍둑 썬다. **찜&탕** 큼직하게 썬다.

대파
손질 거칠고 상한 겉껍질을 벗기고 뿌리를 자른 후 흐르는 물에 가볍게 씻는다. **무침** 고명용으로 송송 썬다. **볶음** 향신료용으로 잘게 다진다. **국&찌개** 한입 크기로 어슷 썬다. **찜&탕** 큼직하게 썬다.

무
손질 흐르는 물에 깨끗이 씻은 후 필러로 껍질을 벗긴다. **무침&볶음** 채칼을 사용해 일정한 두께로 채 썬다. **조림&절임** 먹기 좋은 한입 크기로 깍둑 썬다. **국&찌개** 조금 작은 듯한 크기로 나박 썬다. **찜&탕** 큼직하게 썬다.

애호박
손질 흐르는 물에 가볍게 씻고 꼭지를 자른다. **무침&볶음&국&찌개** 반달 모양에 일정한 두께로 편 썬다.

양파
손질 거칠고 상한 겉껍질을 벗기고 꼭지와 뿌리를 자른 후 흐르는 물에 가볍게 씻는다. **무침&볶음** 다른 재료와 비슷한 크기와 두께로 깍둑 혹은 채 썬다. **절임** 먹기 좋은 한입 크기로 깍둑 썬다. **국&찌개** 조금 작은 듯한 한입 크기로 깍둑 썬다. **찜&탕** 큼직하게 썬다.

청·홍고추, 청양고추
손질 꼭지를 자르고 흐르는 물에 가볍게 씻는다. **무침** 한입 크기 혹은 고명용으로 송송 썬다. **볶음&조림** 향신료용으로 잘게 다지거나 송송 편 썬다. **절임** 이쑤시개로 몸통에 구멍을 작게 낸다. **국&찌개&찜** 조금 작은 듯한 한입 크기로 어슷 썬다.

피망, 파프리카
손질 베이킹소다와 식초를 푼 물에 담갔다 흐르는 물에서 깨끗이 씻는다. **무침&볶음** 다른 재료와 비슷한 두께로 채 썰거나 한입 크기로 깍둑 썬다.

해산물 & 육고기 써는 법

고등어
손질 대가리, 지느러미, 내장을 제거하고 쌀뜨물에 담가 짠맛과 비린내를 제거한 후 흐르는 물에 깨끗하게 씻는다. **구이** 반으로 잘라 통으로 굽거나 2등분 정도 토막 낸다. **조림&찜** 먹기 좋은 크기로 토막 낸 후 양념이 잘 배게 살에 칼집을 낸다.

꽃게
손질 다리 끝부분을 자르고 게딱지를 열어 아가미와 더듬이도 제거한 후 반으로 잘라 흐르는 물에 겉과 속 모두 깨끗하게 문지르며 씻는다. **국&찌개&탕** 먹기 좋게 좀 더 토막 치고 집게발은 떼어내 따로 넣는다. **무침&절임** 키친타월로 꾹꾹 눌러 물기를 제거한 후 먹기 좋게 좀 더 토막 쳐 사용한다.

미역 줄기, 생미역, 파래
손질 흐르는 물에 빡빡 문질러 끈적함과 소금기를 씻어 낸다. **무침&볶음** 먹기 좋은 길이로 자른 후 손으로 꼭 짠 다음 키친타월로 남은 물기를 제거한다. **국** 손으로 꼭 짠 후 조금 작은 듯한 한입 길이로 자른다.

생새우
손질 흐르는 물에 씻은 후 대가리와 꼬리 부분의 물총을 제거한다. 껍질을 벗기고 새우의 등쪽 2번째와 3번째 마디 중간 부분에 이쑤시개를 넣어 내장을 빼낸다. **구이&볶음** 통으로 사용하거나 먹기 좋게 한입 크기로 자른다. **절임** 통으로 사용한다. **찜&국&찌개&탕** 통으로 사용하거나 조금 작은 듯한 한입 크기로 자른다.

코다리
손질 아가미, 배, 등에 있는 지느러미를 제거하고 꼬리를 자른 후 흐르는 물에 속까지 깨끗하게 씻는다. **찜&조림** 큼직하게 3~4등분으로 토막 낸다. **볶음** 먹기 좋게 한입보다 조금 더 큰 크기로 자른다. **국&찌개&탕** 찜&조림보다 조금 더 작게 토막 낸다.

닭
손질 껍질을 적당량 벗기고 꼬리 부분의 지방 덩어리를 자른다. **구이** 통으로 사용하거나 부위별로 먹기 좋게 토막 치거나 뼈를 발라 살만 분리한다. **볶음&찜&조림** 먹기 좋은 크기로 자른 후 양념이 잘 배게 살에 칼집을 낸다.

돼지고기
손질 키친타월로 꾹꾹 눌러 남은 핏물을 제거한다. **구이&볶음** 먹기 좋은 크기와 두께로 자르거나 채 썬다. **국&찌개** 한입 크기로 자른다. **조림&찜&탕** 통으로 요리한 후 먹기 좋은 크기로 자른다.

소고기
손질 키친타월로 꾹꾹 눌러 남은 핏물을 제거한다. **구이&볶음** 먹기 좋은 크기와 두께로 자른다. **국&찌개** 한입 크기로 자른다. **조림&찜&탕** 통으로 요리한 후 먹기 좋은 크기로 자른다.

맛을 보장하는 기본 양념 & 감칠맛을 더하는 비법 양념 소개

이 책에서 사용한, 맛을 보장하는 기본 양념과 감칠맛을 더하는 비법 양념을 소개합니다. 모두 마트 혹은 온라인 쇼핑으로 살 수 있으니 요리하기 전에 미리 준비해주시면 좋습니다.

간장
나물/국물에는 국간장, 조림에는 진간장(or 맛간장)과 노두유, 그 외 요리에는 양조간장을 사용했다. 직접 만들어보면 요리마다 어울리는 간장이 따로 있음을 느낄 수 있다.

고추기름
기름에 건 고추 혹은 고춧가루를 볶아 매운 향을 입힌 것으로, 요리 마지막에 매콤한 풍미를 더할 때 사용한다.

고추장, 고춧가루
책에서는 저염 고추장을 사용했지만, 입맛에 맞는 시판 고추장이 있다면 사용해도 좋다. 고춧가루는 고운 고춧가루와 굵은 고춧가루를 함께 썼는데, 이 역시 선호하는 입자 크기의 것을 사용해도 된다.

굴 가루, 굴 소스
굴을 사용해 만든 양념 재료로, 사계절 내내 요리에 진한 굴의 감칠맛을 더할 수 있다. 굴 가루는 국물에, 굴 소스는 볶음에 많이 사용한다.

다진 대파, 다진 마늘
달군 기름에 넣어 볶아 향을 낸 후 요리하면 풍미와 감칠맛을 함께 올려준다. 다진 대파는 볶음에, 다진 마늘은 양념장을 만들 때 많이 사용한다.

된장, 쌈장
책에서는 저염 된장을 썼지만, 가정에서는 입맛에 맞는 된장을 사용하면 된다. 쌈장은 된장과 고추장을 섞어 사용해도 좋고, 시판 제품을 사용해도 된다.

두반장
발효한 콩과 고추가 주원료인 사천식 매운 소스로, 어향가지와 마파두부 등 중식 요리에 꼭 필요한 양념 재료이다.

들기름&참기름
비슷해 보이지만 쓰임은 아주 다르다. 참기름은 요리의 마무리 단계에서 주로 사용하고, 들기름은 볶음 요리에서 식용유와 섞어 사용한다.

들깻가루
메인 재료와 만나 입안에서 고소함이 폭발하는 맛을 만들어낸다. 무침, 볶음 등 여기저기에 잘 어울려 금세 한 통을 다 쓰게 될 것이다.

마요네즈
이 책에서는 재료의 비린내를 잡고 부드러운 식감과 고소한 맛을 더하는 데에 아주 중요하게 쓰였다. 특히 건어물과 잘 어울린다.

매실청
새콤달콤한 감칠맛이 있어 설탕 대신 사용하기 좋다. 특히 이 책에서는 '방울토마토매실절임'으로 그 진가가 제대로 발휘된다.

맛술
'미림'이라고도 알려진, 도수가 낮고 단맛이 강한 술로 재료의 비린내를 잡을 때 사용한다. 완벽한 대체재는 아니지만 소주와 청주를 사용해도 괜찮다.

새우젓
젓갈의 짭짤한 맛과 소금에는 없는 감칠맛이 있기 때문에 소금 대신 간을 맞출 때 넣으면 좋다. 새우젓마다 짠맛이 다르니 사용하기 전에 꼭 맛을 보고 넣어야 한다.

생강 착즙 원액
고기의 잡내와 해산물의 비린 맛을 잡는 데 사용하면 좋다. 이 책에서는 생강 착즙 원액을 사용했지만 다진 생강을 사용해도 좋다.

설탕
책에서는 백설탕을 사용했지만, 흑설탕을 사용해도 비슷한 맛을 낸다. 멸치 반찬을 만들 때 설탕을 넣어 볶으면 식감이 바삭바삭해진다.

소금
책에서는 맛소금과 굵은 소금을 사용했다. 맛소금은 요리의 간을 맞출 때, 굵은 소금은 도라지와 같은 뿌리채소의 쓴맛을 없앨 때 쓴다.

식용유
볶음이나 구이를 할 때 식용유 단독으로 쓰거나 들기름과 섞어 사용했다. 올리브유보다 발연점이 높은 콩기름, 카놀라유 등을 추천한다.

식초
요리에 새콤한 맛을 더하거나 장아찌와 피클을 만들 때, 건어물을 부드럽게 절일 때 사용했다. 양조식초 중 취향에 맞는 제품으로 사용하면 된다.

쌀뜨물
해산물의 비린내를 잡거나 찌개 등을 끓일 때 사용하면 좋다. 쌀을 씻을 때 첫물은 버리고 두 번째 물부터 모아두었다 쓰면 된다.

참치액젓
나물, 무침, 조림, 볶음, 국물, 찜 등 어떤 요리에도 사용할 수 있는, 강력히 추천하는 비법 양념이다. 국간장과 함께 국물 요리의 간을 맞출 때 사용하면 좋다.

조청
단맛과 윤기를 내는 데 사용했다. 물엿 혹은 올리고당으로 대체해 사용할 수 있지만 조청이 좀 더 풍미가 좋다. 조청을 넣었다면 타지 않게 잘 지켜보아야 한다.

짜장 가루
아이들의 입맛을 사로잡는 마법의 양념 재료이다. 찜닭, 돼지불고기, 돼지갈비찜, 감자조림 등에 넣으면 짭짤한 단맛과 먹음직스러운 색감을 낼 수 있다.

치킨스톡
한식에 양식의 풍미를 더할 수 있는 가장 쉬운 양념 재료이다. 카레에 넣어도 좋고 국물이 자작하게 있는 요리에 사용해도 좋다.

칠리 소스, 케첩
볶음 요리에 새콤달콤 매콤한 맛을 더할 때 사용하기 좋은 양념 재료이다. 칠리 소스는 취향에 따라 핫 칠리 소스와 스위트 칠리 소스를 사용하면 된다.

통깨
요리를 마무리할 때 가장 많이 쓰는 고명 재료이다. 고소한 풍미를 더 높이고 싶다면 통깨를 뭉근하게 부숴 넣어도 좋다.

표고버섯 가루
국물 요리와 볶음 요리에 깊은 맛과 풍미를 더하는 대표적인 천연 조미료이다. 그 외에도 다양한 요리에 사용할 수 있다.

피클링스파이스
피클을 만들 때 사용하는 향신료이다. 없으면 굳이 넣지 않아도 되지만, 사용하면 좀 더 파는 맛과 향에 가까운 피클을 만들 수 있다.

후추
완성 직전에 매콤한 풍미를 더하기 위해 사용하는 양념 재료이다. 보통 후춧가루를 많이 사용하지만, 즉석에서 통후추를 갈아 사용하면 더욱더 풍미가 좋다.

가장 쉽게 맛을 업그레이드하는 기본 맛국물 소개

국, 찌개, 탕, 전골, 조림, 볶음 요리 등에 물 대신 넣으면 훨씬 더 맛있는 요리를 만들 수 있어요. 특히 요리 초보라면 적극적으로 사용해보세요. 넉넉히 만들어 지퍼백 또는 실리콘 큐브에 한 끼 분량으로 소분해 냉동하면 언제든 편하게 사용할 수 있답니다. 만약 시간도, 힘도 없다면 시중에 고체 혹은 국물팩으로 만든 제품이 많으니 취향대로 골라 사용해도 좋아요.

채소 베이스 맛국물

재료
물, 말린 표고버섯, 말린 고추, 통마늘, 무, 대파(뿌리 포함), 양파, 당근, 애호박, 알배추, 사과, 배, 그때그때 냉장고에 남은 자투리 채소와 과일 등등

레시피
① 모든 재료는 흐르는 물에 가볍게 씻어 흙이나 먼지 등을 털어내고 겉껍질은 벗긴다.
② 손질한 재료는 큼직하게 깍둑 썬 후 깊이감 있는 커다란 냄비에 모두 담고 푹 잠길 만큼 물을 부은 다음 강한 불로 30분 정도 팔팔 끓인다.
③ 약한 불로 줄이고 계속 끓이다 국물이 절반 정도로 졸아들면 불을 끄고 채망으로 건더기를 건진 후 한 김 식힌다.
④ 면보에 한 번 더 걸러 깨끗한 국물만 남긴 후 한 끼 분량으로 소분해 냉동 보관하면 완성!

고기 베이스 맛국물

재료
물, 소고기(양지) or 돼지고기(사태) or 닭고기(닭 한 마리), 무, 대파(뿌리 포함), 양파, 당근, 통마늘, 통후추

레시피
① 고기는 지방과 힘줄 등을 제거하고 끓는 물에 넣어 5분 정도 데친 후 꺼내 흐르는 물에 씻으며 불순물을 제거한다.
② 채소는 흐르는 물에 가볍게 씻어 흙이나 먼지 등을 털어내고 겉껍질은 벗긴 후 직화 또는 토치로 겉을 까맣게 태운다.
③ 깊이감 있는 커다란 냄비에 고기, 태운 채소 등을 넣고 모든 재료가 푹 잠길 만큼 물을 부은 후 강한 불로 30분 정도 팔팔 끓인다.
④ 표면에 뜨는 불순물은 국자로 건져내고 불을 약하게 줄여 50~60분 정도 더 끓인다.
⑤ 육수가 충분히 우러나면 한 김 식힌 후 면보에 걸러 깨끗한 국물만 남기고, 한 끼 분량으로 소분해 냉동 보관하면 완성!

해물 베이스 맛국물

재료
물, 다시마, 건새우(or 보리새우), 건홍합, 꽃게, 황태포(or 황태 대가리), 다시 멸치, 밴댕이(디포리), 가쓰오부시, 대파(뿌리 포함), 양파, 무, 표고버섯, 통마늘, 그때그때 냉동실에 남은 자투리 해산물 등등

레시피
① 건새우, 다시 멸치, 밴댕이는 내장을 제거하고 채소들은 흐르는 물에 가볍게 씻어 흙이나 먼지 등을 털어내고 겉껍질은 벗긴 후 큼직하게 깍둑 썬다.
② 깊이감 있는 커다란 냄비에 물과 다시마를 넣고 강한 불에 올려 끓이다 팔팔 끓기 시작하면 다시마를 건져낸다.
③ 다시마를 제외한 나머지 모든 재료를 담고 푹 잠길 만큼 물을 부은 후 다시 강한 불에 올려 30분 정도 팔팔 끓인다.
④ 약한 불로 줄이고 계속 끓이다 국물이 절반 정도로 졸아들면 불을 끄고 채망으로 건더기를 건진 후 한 김 식힌다.
⑤ 면보에 한 번 더 걸러 깨끗한 국물만 남기고, 한 끼 분량으로 소분해 냉동 보관하면 완성!

만든 밑반찬 보관 & 마지막까지 맛있게 먹는 비법 소개

모든 요리가 그렇듯 반찬 역시 그때그때 만들어 바로 먹는 게 가장 맛있어요. 하지만 바쁘게 사는 요즘 사람들에게는 요리하는 행동 자체가 참 어려운 일입니다. 시간을 내고 돈을 써서 만든 귀한 반찬, 〈도시곳간〉이 잘 보관해 마지막까지 맛있게 먹는 방법을 알려드릴게요.

반찬 용기 재질 소개

폴리프로필렌(PP)
내열성과 내구성 모두 좋으면서도 가볍다. 친환경 소재에 항균 기능도 있다. 가격 역시 저렴한 편이라 가장 대중적으로 사용되지만, 냄새와 색이 잘 밴다.

내열 강화유리
강화유리에 내열성과 내한성을 더해 온도 변화와 외부 충격에 강하고 튼튼하다. 냄새와 색이 잘 배지 않아 오랫동안 위생적으로 사용할 수 있다.

스테인리스
녹이 잘 생기지 않고, 고온에도 중금속이나 유해물질이 생기지 않아 위생적이고 관리가 편하다. 다만 작은 충격에도 흠집이 잘 생길 수 있다.

도자기
밀폐력이 좋아 반찬을 더욱더 신선하고 오래 보관할 수 있고 내열성과 내한성이 좋아 오븐, 전자레인지, 식기세척기에도 사용할 수 있다. 다만 무겁고 가격이 비싸다.

실리콘
내열성과 내한성이 높고 냄새나 색이 배면 열탕 소독이 가능하다. 환경호르몬이 나오지 않아 인체에 유해하지 않다. 다만 말랑한 재질이라 날카로운 도구에 찢어질 수 있다.

트라이탄
유리의 투명함과 플라스틱의 단단함을 합친 친환경 소재이다. 안전성, 내구성, 내열성이 좋아 젖병에 많이 사용된다. 다만 아직 가격대가 높은 편이다.

반찬 보관 방법 소개

- 막 완성한 반찬은 뜨거움이 가시도록 한 김 식힌 후 뚜껑을 닫고 냉장고에 넣어야 좀 더 오래 보관할 수 있다.
- 고추장/된장 같은 장류나 김치 등 양념이 진한 반찬은 폴리프로필렌보다 도자기에 보관하고, 피클이나 장아찌 등은 스테인리스보다 유리에 보관하면 통에 냄새나 색이 배지 않는다.
- 만든 반찬의 양에 딱 맞는 크기의 반찬통을 사용해 꾹꾹 눌러 담아 최대한 공기가 들어가지 않게 해야 맛과 식감이 좀 더 오래 유지된다.
- 먹을 때 반찬통 그대로 꺼내 먹지 말고, 먹을 만큼 따로 접시에 덜어 먹어야 쉽게 상하지 않는다.

PART
II

무침
&
나물 반찬

버섯 먹기 싫어하는 아이들도
잘 먹는 반찬입니다.
취향의 샐러드 채소를 듬뿍 곁들이면
훌륭한 한 끼 샐러드 식사도 될 수 있어요.

흑임자버섯무침

 2 persons   10 min  3 day

메인 재료
○ 느타리버섯_ 200g
○ 부추_ 10g

양념 재료
○ 흑임자 가루_ 2T
○ 마요네즈_ 3T
○ 식초_ 2T
○ 설탕_ 1t
○ 소금_ 한 꼬집
○ 통깨_ 1T

1. 느타리버섯은 밑동을 자른 후 먹기 좋게 2~3가닥 정도로 찢고, 부추는 2~3cm 길이로 자른다.

2. 소금을 넣은 끓는 물에 손질한 느타리버섯을 넣고 1분 정도 데친다.

3. 건져낸 느타리버섯은 바로 찬물로 헹궈 열기를 식히고 물기를 꼭 짠다.
   Tip 키친타월로 꾹꾹 눌러 남은 물기를 제거해도 좋아요.

4. 볼에 통깨를 제외한 모든 양념 재료와 느타리버섯, 부추를 넣고 양념이 잘 배게 버무린다.

5. 통깨를 고명으로 뿌리면 완성!

 데친 버섯의 물기를 최대한 꼭 짜주셔야 먹는 동안 물이 생기지 않아요.

쌉쌀한 취나물 맛에
감칠맛을 더하기 위해
오랫동안 연구하여 개발한 레시피에요.
한입 듬뿍 먹어도 맛있답니다.

취나물볶음

 2 persons   10 min    2 day

메인 재료
○ 취나물_ 130g
○ 들기름_ 1T

양념 재료
○ 식용유_ 1T
○ 국간장_ 1T
○ 다진 마늘_ 1t
○ 다진 대파_ 1T
○ 참기름_ 1t
○ 표고버섯 가루_ 1T
○ 통깨_ 1T

1. 취나물은 노랗게 변한 잎과 억센 줄기를 제거한 다음 차가운 물에 2~3번 헹군다.

2. 소금을 넣은 끓는 물에 30초~1분 정도 부들부들하게 데친다.

3. 데친 취나물은 바로 찬물에 담가 열을 식힌 후 물기를 꼭 짠다.

4. 볼에 취나물, 식용유, 국간장, 다진 마늘, 다진 대파를 넣고 양념이 잘 배게 버무린다.

5. 중간 불로 달군 팬에 들기름을 붓고 양념한 취나물을 넣어 3~4분 정도 볶는다.

6. 불을 끄고 참기름, 표고버섯 가루, 통깨를 넣어 잘 섞으면 완성!

 오래 데치면 취나물 특유의 향이 날아가니 끓는 물에 넣어 빠르게 데쳐주세요.

/
건 유채나물은
사계절 내내 구할 수 있지만,
생유채나물은
봄철에만 먹을 수 있는
귀한 재료이니 봄이 오면
꼭 만들어 드셔보세요.
/

유채나물무침

 2 persons 30 min  2 day

메인 재료

○ 건 유채나물_ 40g

양념 재료

○ 굴 가루_ 1T
○ 참기름_ 2T
○ 통깨_ 1t
○ 된장_ 1t(선택 가능)

1. 건 유채나물은 흐르는 물에 가볍게 씻어 소금을 넣은 끓는 물에 넣고 20분 정도 삶는다.

2. 삶은 유채나물은 바로 찬물에 담가 열을 식힌 후 물기를 꼭 짠다.

3. 볼에 유채나물, 소금, 굴 가루, 참기름을 넣고 양념이 잘 배게 버무린다.

4. 먹기 전에 통깨를 뿌리면 완성!

셰프의 Tip 생유채나물은 끓는 물에 오래 데치면 식감이 질겨져요. 건 유채나물 역시 오래 삶으면 식감이 질겨지니 주의해주세요.

/
새콤달콤매콤한 맛에
아삭아삭한 식감의
도라지고추장무침이에요.
글만 읽어도 벌써
입에 침이 고이시죠?
/

도라지고추장무침

 2 persons 10 min 3 day

메인 재료
○ 깐 도라지_ 200g
○ 굵은 소금_ 2T

양념 재료
○ 고춧가루_ 3T
○ 고추장_ 1T
○ 식초_ 2T
○ 조청_ 2T
○ 양조간장_ 1T
○ 다진 마늘_ 1T
○ 통깨_ 1t

1. 볼에 깐 도라지와 굵은 소금을 넣고 박박 주무른 다음 흐르는 물에 깨끗이 씻어 도라지의 쓴맛과 아린 맛을 제거한다.
   Tip 도라지 껍질이 있다면 흐르는 물에 까끌까끌한 수세미로 껍질을 박박 밀어 벗겨주세요.

2. 손질한 도라지는 먹기 좋은 크기로 자른 후 절임물에 담가 30분 정도 절인다.
   Tip 절임물은 도라지가 잠길 정도의 물 양에 소금과 설탕을 2T씩 넣어 만들어주세요.

3. 절인 도라지는 물기를 꼭 짜고, 남은 물기는 키친타월로 꾹꾹 눌러 제거한다.

4. 통깨를 제외한 모든 양념 재료를 섞어 양념장을 만든다.

5. 볼에 절인 도라지와 양념을 넣고 양념이 잘 배게 골고루 버무린 후 통깨를 뿌리면 완성!

 도라지는 껍질을 벗기고 굵은 소금으로 잘 씻어주셔야 도라지 특유의 아린 맛과 쓴맛이 사라집니다.

/
오독오독 식감에 보쌈(p.195)과도
잘 어울리는 메뉴이지요.
호불호 없이 모두가 좋아하는
〈도시곳간〉 시그니처 반찬입니다.
/

무말랭이무침

 2 persons 30 min 조리시간  10 day 냉장보관

메인 재료

○ 무말랭이_ 60g
○ 마늘종_ 30g
 (or 고춧잎 10g)

양념 재료

○ 양조간장_ 2T
○ 참치액젓_ 2T
○ 굵은 고춧가루_ 2T
○ 고운 고춧가루_ 1T
○ 다진 마늘_ 1T
○ 조청_ 5T
○ 매실청_ 1T
○ 통깨_ 조금

1. 무말랭이는 흐르는 물에 1~2번 정도 헹군 후 물에 담가 10분 정도 불린다.

2. 불린 무말랭이를 꼭 짜 물기를 제거하고 실온에 15분 정도 말린다.
   Tip 남은 물기가 흡수되어 무말랭이가 부드러워져요.

3. 마늘종은 2~3cm 길이로 잘라 뜨거운 물에 데친 후 식힌다.
   Tip 고춧잎을 사용한다면 끓는 소금물에 건 고춧잎은 5~6분, 생고춧잎은 30초 정도 데친 후 물기를 꼭 짜서 준비해주세요.

4. 통깨를 제외한 모든 양념 재료를 섞어 양념장을 준비한다.

5. 볼에 무말랭이, 마늘종(고춧잎), 양념장을 모두 넣고 골고루 버무린다.

6. 먹기 전에 통깨를 뿌려내면 완성!

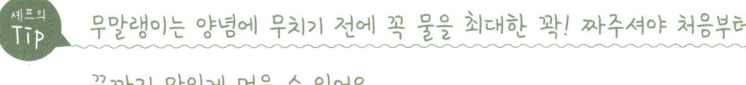 셰프의 Tip 무말랭이는 양념에 무치기 전에 꼭 물을 최대한 꽉! 짜주셔야 처음부터 끝까지 맛있게 먹을 수 있어요.

/
입맛은 없지만
굶을 수는 없을 때,
대부분 물에 밥을 말아 드시죠?
그때 곁들여 드셔보세요.
단짠한 맛이 어느새
잃어버린 입맛을
찾아줄 거예요.
/

김무침

 2 persons 분량 5 min 조리시간  3 day 냉장보관

메인 재료
○ 생김_ 2장
○ 굵게 다진 마늘_ 1/2T

양념 재료
○ 양조간장_ 1T
○ 매실청_ 1T
○ 참기름_ 2T
○ 미림_ 1T

1. 약한 불로 달군 팬에 김을 올려 앞뒤로 노릇하게 굽는다.

2. 비닐봉지에 구운 김을 넣어 잘게 부순다.

3. 굵게 다진 마늘과 모든 양념 재료를 섞어 양념장을 만든다.

4. 볼에 부순 김과 양념장을 넣고 젓가락으로 골고루 섞으면 완성!

셰프의 Tip 씹는 맛을 좋아한다면 부추와 양파 등 식감 있는 채소를 잘라 고명으로 올려 보세요.

곁들일 반찬이 없을 때
빠르게 뚝딱 만들 수 있는 메뉴입니다.
아삭한 식감과 짭짤한 맛으로
어느새 밥 한 공기 비우실 거예요.

오이고추쌈장무침

 2 persons   5 min    4 day

메인 재료
○ 오이고추_ 3개

양념 재료
○ 된장_ 1T
○ 고추장_ 1/2T
○ 다진 마늘_ 1T
○ 표고버섯 가루_ 1T
○ 참기름_ 2T
○ 통깨_ 1T

1. 오이고추는 흐르는 물에 깨끗하게 씻어 키친타월로 물기를 닦는다.

2. 꼭지를 제거하고 1.5cm 길이로 자른다.

3. 통깨를 제외한 양념 재료를 모두 섞어 양념장을 준비한다.

4. 볼에 자른 오이고추와 양념장을 넣고 조물조물 무친다.

5. 먹기 전에 통깨를 뿌려내면 완성!

 고추의 종류는 입맛에 따라 사용해도 되지만, 누구나 맛있게 먹으려면 오이고추가 가장 좋습니다.

향긋한 나물 향이
가득한 반찬이에요.
〈도시곳간〉 40~60대 손님들의
원픽 나물이랍니다.

곤드레나물볶음

 2 persons 분량   15 min 조리시간   2 day 냉장보관

메인 재료
○ 삶은 곤드레 나물_ 150g
○ 들기름_ 1T

양념 재료
○ 국간장_ 1T
○ 다진 마늘_ 1T
○ 표고버섯 가루_ 1T
○ 다진 대파_ 1T
○ 통깨_ 1T

1. 삶은 곤드레나물은 차가운 물에 담가 해동 후 맑은 물이 나올 때까지 흐르는 물에 3~4번 이상 깨끗하게 씻는다.
   Tip 건 곤드레나물은 불리는 데 최소 8시간 이상 걸리니 삶은 곤드레나물로 준비해주세요.

2. 물기를 꼭 짜고 먹기 좋은 크기로 자른 후 키친타월로 지그시 눌러 곤드레나물의 남은 물기를 제거한다.

3. 중간 불로 달군 팬에 들기름과 다진 마늘을 넣고 볶다 마늘 향이 올라오면 곤드레나물을 넣고 볶는다.

4. 곤드레나물에 마늘 향이 배면 약한 불로 줄이고 국간장, 표고버섯 가루를 넣은 후 물기가 없어질 때까지 볶는다.

5. 불을 끄고 다진 대파와 통깨를 뿌려 잘 섞으면 완성!

세프의 Tip 곤드레나물은 채취 후 바로 삶아 말리기 때문에 손질 후에도 흙이 많은 편이니 흐르는 물에 4~6번 이상 깨끗하게 씻은 후 조리해주세요.

꼬들꼬들한 식감의 궁채나물과
고소한 맛의 들깻가루가 만나
호불호 드문
엄청난 맛을 만들었어요.

궁채나물볶음

 2 persons   15 min    2 day

메인 재료

○ 불린 궁채나물_ 150g
○ 양파_ 1/4개
○ 식용유_ 1T

양념 재료

○ 들깻가루_ 2T
○ 다진 마늘_ 1/2t
○ 참기름_ 1T
○ 소금_ 1꼬집
○ 물_ 3T

1. 불린 궁채나물은 물기를 꼭 짜고 먹기 좋은 크기로 자른 후 키친타월로 남은 물기를 제거한다.
   Tip 말린 궁채를 사용한다면 여러 번 주물러 씻어 묵은내를 제거한 다음 물에 담가 5시간 정도 불린 후 사용해주세요.

2. 양파는 궁채나물과 비슷한 굵기로 채 썰어 준비한다.

3. 중간 불로 달군 팬에 식용유, 다진 마늘을 넣고 볶아 기름에 마늘 향을 낸다.

4. 궁채와 양파를 넣고 양파가 투명해질 때까지 볶다 소금을 넣어 간을 맞춘 후 불을 끈다.

5. 물, 들깻가루, 참기름을 넣고 잘 섞어주면 완성!

 양조간장으로 간을 하면 나물 색이 어두워져 보는 맛이 떨어지니, 꼭 소금으로 간을 맞추어주세요.

/
명절마다 꼭 먹는 나물이지만,
조리 난이도가 은근 어려워
평소에는 잘 먹지 않지요?
저를 믿고 이 레시피로 만들어보세요.
/

도라지나물볶음

 2 persons 10 min 2 day

메인 재료
○ 깐 도라지_ 150g
○ 굵은 소금_ 2T

양념 재료
○ 표고버섯 가루_ 1T
○ 다진 마늘_ 1t
○ 소금_ 한 꼬집
○ 참기름_ 2T
○ 통깨_ 1t

1. 볼에 깐 도라지와 굵은 소금을 넣고 박박 주무른 다음 흐르는 물에 깨끗이 씻어 도라지의 쓴맛과 아린 맛을 제거한다.
   Tip 도라지 껍질이 있다면 흐르는 물에 까끌까끌한 수세미로 껍질을 박박 밀어 벗겨주세요.

2. 손질한 도라지는 먹기 좋은 크기로 자른 후 키친타월로 꾹꾹 눌러 물기를 제거한다.

3. 중간 불로 달군 팬에 통깨를 제외한 모든 양념 재료와 도라지를 넣고 양념이 잘 배게 3~4분 정도 볶는다.

4. 불을 끄고 통깨를 넣어 한 번 더 잘 섞으면 완성!

 소금으로 박박 문질러 씻기 번거롭다면 소금물에 15~20분 정도 담갔다 흐르는 물에 씻어 사용해도 좋습니다.

/
사계절 빠질 수 없는
식탁 위 국민 밑반찬이죠?
많이 만들어 오래 두고
먹기 좋은 메뉴입니다.
/

마늘종무침

 2 persons 분량   15 min 조리시간   7 day 냉장보관

메인 재료

○ 마늘종_ 150g

양념 재료

○ 고추장_ 1/2T
○ 고춧가루_ 2T
○ 다진 마늘_ 1T
○ 설탕_ 1T
○ 식초_ 4T
○ 조청_ 2T
○ 참기름_ 2T
○ 통깨_ 1T

1. 마늘종은 흐르는 물에 깨끗하게 씻은 후 3~4cm 길이로 자른다.

2. 소금을 넣은 끓는 물에 마늘종을 넣고 30초 정도 데친 후 건져내 체에 밭쳐 식히며 물기를 날린다.

3. 볼에 통깨를 제외한 모든 양념 재료와 마늘종을 넣고 마늘종에 양념이 잘 배게 버무린다.

4. 통깨를 뿌리면 완성!

 셰프의 Tip 만든 후 더 오래 보관하고 싶다면 마늘종을 데친 후 소금을 뿌려 간단히 한 번 더 절인 다음 조리해주세요.

신선한 파래의 향이
가득 담긴 밑반찬입니다.
겨울인 제철에
가장 맛있게 먹을 수 있어요.

파래무침

2 persons | 10 min | 3 day

메인 재료
○ 파래_ 150g
○ 무_ 1/8개(약 100g)

양념 재료
○ 식초_ 3T
○ 설탕_ 4T
○ 다진 마늘_ 1t

1. 파래는 소금을 푼 차가운 물에 담가 바락바락 문질러 이물질을 씻고 흐르는 물에 2~3번 흔들어 헹군다.

2. 헹군 파래는 물기를 꼭 짠 후 먹기 좋은 길이로 자른다.

3. 무는 채칼을 사용해 얇게 채 썰어 소금에 절인 후 나온 물기를 꼭 짠다.

4. 볼에 파래, 무, 모든 양념 재료를 넣고 양념이 잘 배게 버무리면 완성!

 무를 얇게 채 썰어 무치면 먹기도 편하고 식감도 더 좋습니다.

/
흔하고 평범한 재료이지만,
〈도시곳간〉 레시피로 만들면
식탁 위에서 가장 맛있고
감칠맛 넘치는
밑반찬이 되는 메뉴에요.
/

숙주나물무침

 2 persons   15 min   2 day

메인 재료
○ 숙주나물_ 180g
○ 양파_ 1/4개
○ 부추_ 20g

양념 재료
○ 소금_ 1꼬집
○ 참치액젓_ 1T
○ 참기름_ 1T

1. 숙주나물은 껍질과 잔뿌리 등 지저분한 부분을 손질하고 흐르는 물에 깨끗하게 씻는다.

2. 소금을 넣은 끓는 물에 숙주나물을 넣어 3분 정도 데친 후 찬물에 담가 식힌 다음 체에 밭쳐 물기를 뺀다.

3. 양파는 가늘고 채 썰고, 부추는 3~5cm 길이로 잘라 준비한다.

4. 볼에 숙주나물, 양파, 소금을 넣고 간이 배게 버무린다.

5. 참기름과 부추를 넣고 잘 섞으면 완성!

 숙주는 너무 오래 데치면 수분이 많이 빠져 두께가 많이 얇아지는데, 그럼 씹는 식감이 없어지니 주의해주세요.

/
〈도시곳간〉에서
가장 빨리 팔리는 반찬,
이제 집에서
쉽게 만들어 드셔보세요.
/

콩나물무침

 2 persons    15 min    2 day

메인 재료
○ 콩나물_ 170g
○ 부추_ 20g

양념 재료
○ 굵은 고춧가루_ 1T
○ 고운 고춧가루_ 1T
○ 소금_ 1꼬집
○ 참치액젓_ 1T
○ 참기름_ 1T

1. 콩나물은 대가리 껍질과 지저분한 잔뿌리 등을 손질하고 차가운 물에 1~2번 씻는다.
   Tip 콩나물은 대가리와 잔뿌리에 피로해소에 좋은 아스파라긴산이 많으니 많이 다듬지 말아 주세요.

2. 소금을 넣은 끓는 물에 손질한 콩나물을 넣고 5분 정도 데친다.

3. 데친 후 바로 찬물에 담가 열을 식힌 후 가볍게 물기를 짠 다음 도마(혹은 채반)에 넓게 펼쳐 남은 물기를 날린다.

4. 부추는 3~5cm 길이로 잘라 준비한다.

5. 볼에 참기름을 제외한 모든 양념과 콩나물을 넣고 양념이 잘 배게 버무린다.

6. 참기름과 부추를 넣고 잘 섞으면 완성!
   Tip 처음부터 부추를 넣고 무치면 부추가 으스러져 식감이 좋지 않아요.

 쎄쓰의 Tip 콩나물도 오래 데치면 수분이 많이 빠져 식감이 물렁물렁해지니 주의해주세요.

/
부지깽이 특유의 향이
매우 좋아
비빔밥 나물로 먹으면
정말 맛있어요.
/

부지깽이나물볶음

 2 persons  20 min  2 day

메인 재료

○ 삶은 부지깽이나물_ 160g
○ 대파_ 10g
○ 식용유_ 1T

양념 재료

○ 소금_ 1꼬집
○ 국간장_ 1T
○ 다진 마늘_ 1t
○ 참기름_ 1T

1. 삶은 부지깽이나물은 차가운 물에 담가 해동한 후 흐르는 물에 2~3번 정도 헹군다.
   - Tip 말린 부지깽이나물을 사용한다면 물에 담가 최소 2시간 이상 불린 후 소금을 넣은 끓는 물에 10~15분 정도 삶아주세요.

2. 해동한 부지깽이나물은 손으로 물기를 꼭 짠 후 먹기 좋은 길이로 자른다.

3. 볼에 부지깽이나물과 모든 양념 재료를 넣고 양념이 잘 배게 버무린다.

4. 약한 불로 달군 팬에 양념한 부지깽이나물과 식용유를 넣고 나물이 부들부들해질 때까지 볶는다.

5. 불을 끄고 송송 썬 대파를 고명으로 올리면 완성!

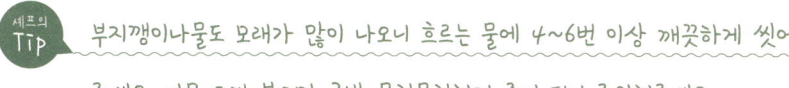

셰프의 Tip 부지깽이나물도 모래가 많이 나오니 흐르는 물에 4~6번 이상 깨끗하게 씻어주세요. 너무 오래 볶으면 금방 물렁물렁해져 죽이 되니 주의해주세요.

/
비빔국수(혹은 비빔면) 위에
고명으로 올려 먹어도 좋고
밥 위에 얹어 먹어도 맛있는,
감칠맛 끝판왕 메뉴입니다.
/

황태포무침

2 persons | 15 min | 15 day

메인 재료
○ 황태포_ 100g
○ 식초물_ 200g
　(식초 100g+물 100g
　+설탕 100g)

양념 재료
○ 굵은 고춧가루_ 5T
○ 고운 고춧가루_ 3T
○ 조청_ 4T
○ 참기름_ 2T
○ 통깨_ 2T

1. 황태는 먹기 좋은 크기로 잘라 손질한다.

2. 손질한 황태를 식초물에 담가 부드러워질 때까지 불린다.

3. 불린 황태를 꼭 짜 물기를 제거한다.

4. 통깨를 제외한 양념 재료를 모두 섞어 양념장을 준비한다.

5. 볼에 황태와 양념장을 넣고 조물조물 무친다.

6. 먹기 전에 통깨를 뿌려내면 완성!

 보관할 때 공기가 들어가면 물이 생기니 반찬통에 꾹꾹 눌러 담아 보관하세요. 조금씩 자주 만들어 드시면 가장 맛있어요.

/
건 호박고지나물의
농축된 맛과
들깻가루의 만남으로
입안에 고소함이
폭발하는 밑반찬입니다.
/

호박고지나물볶음

 2 persons    15 min    2 day

메인 재료
- 건 호박고지나물_ 70g
- 대파_ 10g
- 식용유_ 1T

양념 재료
- 국간장_ 1T
- 다진 마늘_ 1t
- 들깻가루_ 1T
- 참기름_ 1t
- 물_ 2T

1. 건 호박고지나물은 깨끗한 물이 나올 때까지 찬물에 여러 번 씻은 후 물에 30분 정도 담가 불린다.
   Tip 호박고지나물은 너무 오래 불리면 맛과 향이 날아가니 말랑해질 만큼만 불려주세요.

2. 불린 호박고지나물은 물기를 꽉 짜고 남은 물기는 키친타월로 제거한다.

3. 중간 불로 달군 팬에 식용유와 다진 마늘을 넣고 볶아 마늘 향을 낸 후 호박고지나물을 올린다.

4. 마늘 향이 잘 배게 볶다 국간장을 넣어 3~4분 정도 더 볶는다.

5. 불을 끄고 물, 들깻가루, 참기름을 넣고 잘 섞이게 잔열로 좀 더 볶는다.

6. 송송 썬 대파를 고명으로 올리면 완성!

셰프의 Tip 건 호박고지나물은 볶아서 익히기보다 물에 충분히 불려 조리하면 더 맛있어요.

/
새콤달콤한 맛으로
사계절 내내
매장에서 가장 잘 팔리는
밑반찬인데요,
실은 무치자마자
바로 먹으면
제일 맛있답니다.
/

오이무침

 2 persons 10 min  3 day

메인 재료

○ 오이_ 1개
○ 양파_ 1/8개
○ 부추_ 20g

양념 재료

○ 굵은 고춧가루_ 1/2T
○ 고운 고춧가루_ 1/2T
○ 다진 마늘_ 1/2T
○ 식초_ 1T
○ 소금_ 2꼬집
○ 설탕_ 1T
○ 통깨_ 1t

1. 오이는 흐르는 물에 깨끗하게 씻은 후 껍질째 어슷 썰고, 양파는 가늘게 채 썰고, 부추는 3~4cm 길이로 썬다.

2. 볼에 오이, 식초, 소금, 설탕을 넣어 오이를 절이고, 절임물이 나오면 꼭 짜서 따로 담아둔다.

3. 절인 오이에 양파, 부추, 굵은 고춧가루, 고운 고춧가루, 다진 마늘을 넣고 양념이 잘 배게 버무린다.
   Tip 이때 따로 담아둔 절임물을 조금씩 부어 고춧가루를 불려가며 무치면 오이에 양념이 더 잘 배요.

4. 먹기 전에 통깨를 뿌려내면 완성!

 오이는 절인 후 조리해도 빨리 무르는 편이니 조금씩 만들고 꼭 냉장고에 넣어 보관해주세요.

향이 강하지 않고
맛도 심심해
자극적인 반찬을
좋아하지 않는 손님들에게는
늘 원 픽으로 꼽히는
밑반찬이에요.

고구마줄기볶음

 2 persons 분량  15 min 조리시간 2 day 냉장보관

메인 재료
○ 고구마줄기_ 140g
○ 양파_ 1/6개

양념 재료
○ 들깻가루_ 1T
○ 통깨_ 1T
○ 식용유_ 1T
○ 국간장_ 1T
○ 다진 마늘_ 1t
○ 참기름_ 1t
○ 소금_ 2꼬집
○ 물_ 50g

1. 고구마줄기는 반으로 툭 부러뜨려 살짝 잡아당기며 껍질을 벗긴다.

2. 끓는 물에 소금을 넣고 5분 정도 삶은 후 건져 한 김 식힌다.
   Tip 손질해 삶은 고구마줄기를 샀다면 1~2번 과정은 생략해주세요.

3. 식힌 고구마줄기는 먹기 좋은 크기로 자르고 양파는 얇게 채 썬다.

4. 팬에 들깻가루와 통깨를 제외한 모든 양념과 고구마줄기, 양파를 넣은 후 중간 불에서 볶으며 끓인다.

5. 고구마줄기가 익으면 불을 끄고 들깻가루와 통깨를 넣어 잘 섞으면 완성!

 셰프의 Tip 고구마 줄기는 꼭 껍질을 벗긴 후 삶아야 질기지 않습니다.

/
시금치는 단맛이 많은
나물이에요.
네? 모르셨다고요?
그럼 시금치의 단맛을 가장 살리는
〈도시곳간〉의 레시피로
꼭 만들어 드셔보세요.
/

시금치나물무침

 2 persons 분량  10 min 조리시간  2 day 냉장보관

메인 재료
○ 시금치_ 150g
○ 양파_ 1/8개
○ 당근_ 10g

양념 재료
○ 다진 마늘_ 1t
○ 소금_ 1꼬집
○ 참기름_ 1T

1. 시금치는 노랗게 변한 잎과 뿌리는 제거하고 흐르는 물에 살살 흔들며 흙이 나오지 않을 때까지 씻는다.

2. 양파와 당근은 비슷한 굵기로 가늘게 채 썬다.

3. 소금을 넣은 끓는 물에 손질한 시금치를 넣어 15초 정도 데친 후 찬물에 헹궈 열을 식힌다.

4. 시금치를 건져 물기를 꽉 짠 후 볼에 담는다.

5. 시금치 위로 양파, 당근, 다진 마늘, 소금을 넣고 양념이 잘 배게 버무린다.

6. 참기름을 넣고 잘 섞으면 완성!

 셰프의 Tip 시금치의 색과 식감을 살리기 위해 끓는 소금물에 살짝 데친 후 바로 차가운 물에 담가 빠르게 식혀주세요.

/
비빔밥에
고사리나물이 빠지면
무언가 섭섭한 느낌을
지울 수 없죠?
부드러우면서도 고소한 맛이
비빔밥을 더 맛있게
해주거든요.
/

고사리나물볶음

 2 persons 15 min  2 day

메인 재료
○ 삶은 고사리_ 130g
○ 대파_ 10g
○ 식용유_ 1T
○ 물_ 100mL

양념 재료
○ 국간장_ 1T
○ 다진 마늘_ 1t
○ 들깻가루_ 1T
○ 참기름_ 1t

1. 삶은 고사리는 차가운 물에 담가 해동 후 흐르는 물에 깨끗이 씻은 다음 물기를 꼭 짠다.

2. 먹기 좋은 길이로 자르고 키친타월로 지그시 눌러 고사리의 남은 물기를 제거한다.

3. 중간 불로 달군 팬에 식용유와 다진 마늘을 넣어 볶다 마늘 향이 올라오면 고사리와 국간장을 넣고 좀 더 볶는다.

4. 물을 붓고 중간 불에서 팔팔 끓이다 물이 절반 정도로 졸아들면 불을 끈다.

5. 들깻가루와 참기름을 넣어 잔열로 볶듯이 잘 섞는다.
   Tip 수분이 절반보다 더 날아가면 들깻가루가 잘 묻지 않고 푸석하게 겉돌아요.

6. 송송 썬 대파를 고명으로 올리면 완성!

 건 고사리나물은 독성과 쓴맛을 제거하기 위한 손질 과정이 복잡하고 오래 걸리니 삶은 고사리나물을 사용해 조리하면 편합니다.

/
숙성할수록
맛있는 반찬을 찾으셨나요?
그렇다면 숙성 후
쫀득쫀득한 식감이 생기는
더덕무침이 딱입니다.
/

더덕무침

 2 persons 분량   10 min 조리시간  3 day 냉장보관

메인 재료
○ 더덕_ 150g

양념 재료
○ 고추장_ 2T
○ 고춧가루_ 1T
○ 다진 마늘_ 1T
○ 양조간장_ 1T
○ 조청_ 1T
○ 식초_ 1T
○ 참기름_ 2T
○ 통깨_ 1T

1. 더덕은 흐르는 물에 수세미(혹은 칫솔)로 문질러 흙을 깨끗하게 털어낸다.

2. 채칼을 사용해 더덕의 껍질을 벗긴 후 굵은 소금으로 박박 문지른 다음 흐르는 물에 깨끗이 씻는다.

3. 껍질을 깐 더덕은 방망이로 콩콩 두드리거나 지그시 밀 듯이 눌러 넓적하게 편 다음 먹기 좋은 크기로 자른다.
   Tip 씹는 식감을 부드럽게 만들기 위한 과정이에요.

4. 통깨를 제외한 모든 양념 재료를 섞어 양념장을 만든 다음 냉장고에서 1~2시간 정도 숙성한다.

5. 볼에 손질한 더덕과 양념장을 넣고 양념이 잘 배게 버무린 후 통깨를 뿌리면 완성!

 세프의 Tip 더덕도 껍질을 벗기고 굵은 소금으로 박박 문질러 잘 씻어야 쓴맛과 아린 맛이 사라집니다.

/
남녀노소 모두가 좋아하는
구수한 맛에 식감이 부드러워
밥과 함께 먹기도 좋고
소화도 잘되는 밑반찬입니다.
/

무나물볶음

메인 재료

○ 무_ 1/4개(약 200g)
○ 대파_ 10g
○ 식용유_ 1t
○ 들기름_ 1T

양념 재료

○ 소금_ 0.5t

1. 무는 껍질을 벗겨 깨끗하게 씻은 후 채칼을 사용해 균일한 두께로 채 썬다.

2. 대파는 가늘게 송송 썬다.

3. 중간 불로 달군 팬에 무, 식용유, 들기름을 넣고 무가 하얘질 때까지 3~5분 정도 볶는다.

4. 불을 끄고 소금으로 간을 맞춘 후 송송 썬 대파를 고명으로 올리면 완성!

 무나물을 너무 익히면 젓가락으로 들자마자 뚝뚝 끊기니 강한 불보다는 잔열로 적당하게 볶아 조리해주세요.

PART
III

조림
&
장아찌
&
피클 반찬

/
설탕 대신 조청을 넣어
아삭아삭한 식감보다
쫀득쫀득 꾸덕꾸덕한 식감의
연근조림이에요.
딱 집에서 만든
연근조림의 그 맛!
/

연근조림

 2 persons 분량  60 min 조리시간  15 day 냉장보관

메인 재료
○ 자숙 연근_ 200g
○ 식초물_ 200g
 (물 170g+식초 30g)

양념 재료
○ 물_ 200mL
○ 식용유_ 1T
○ 진간장_ 3T
○ 조청_ 6T
○ 참기름_ 1T

1. 자숙 연근은 갈변 현상을 막기 위해 식초물에 10분 정도 담갔다 흐르는 물에 깨끗하게 씻는다.
   - Tip 생연근을 사용한다면 껍질을 벗기고 균일한 크기로 편 썬 다음 소금 1T, 식초 1T을 넣은 끓는 물에 5분 정도 삶은 후 물 200g 소금 2t을 넣은 소금물에 1시간 정도 절였다 찬물에 헹궈 준비해주세요.

2. 냄비에 참기름, 조청을 제외한 모든 양념 재료와 자숙 연근을 넣고 중간 불로 30분 이상 끓인다.
   - Tip 조리 시간을 단축하고 싶다면 강한 불에서 타지 않게 계속 저어주며 20분 정도 끓여주세요.

3. 물이 절반 정도 졸여지면 조청을 넣고 중간 불로 15분 정도 끓인다.

4. 소스가 끈적끈적하게 졸여지면 불을 끄고 참기름을 넣어 잘 섞으면 완성!
   - Tip 농도는 수저에 소스를 묻혀 살짝 식힌 다음 손가락으로 긁었을 때 긁은 모양이 그대로 남아 있다면 딱 좋은 농도에요.

 셰프의 Tip 양념이 조려지기 시작하면 순식간에 타기 쉬우니 타지 않게 잘 저으며 조리해주세요.

/
도시곳간을 고객님들에게
널리 알릴 수 있게 해준
대표 반찬입니다.
남은 조림 간장에 밥도 비벼 먹고
간장 국수도 만들어 드셔보세요.
/

반숙란장조림

메인 재료

○ 달걀_ 6개
○ 청·홍고추_ 각 1개
○ 통깨_ 1T

양념 재료

○ 설탕_ 100mL
○ 양조간장_ 200mL
○ 미림_ 100mL
○ 물_ 100mL
○ 표고버섯 밑둥_ 5개
○ 무_ 1/8개(약 100g)
○ 대파_ 1개
○ 양파_ 1/2개

1. 냄비에 모든 양념 재료를 넣고 설탕이 녹을 때까지 끓인다.

2. 다 끓인 조림 간장은 고운 면보에 걸러 국물만 남긴다.

3. 청·홍고추는 세로로 길게 반으로 갈라 씨를 제거한 후 잘게 송송 썬다.

4. 달걀은 식초, 소금을 넣은 끓는 물에 넣고 6분~6분 30초 정도 삶은 후 바로 차가운 물에 담가 식힌 다음 껍질을 깐다.
   Tip 끓는 물에 달걀을 넣고 2분 정도 지났을 때 젓가락을 넣어 한 방향으로 휘저으면 노른자가 한쪽으로 치우치지 않고 가운데에서 예쁘게 익어요.

5. 밀폐 용기에 반숙란, 송송 썬 청·홍고추, 통깨를 넣고 반숙란이 잠길 정도로 조림 간장을 부은 다음 상온에서 하루 정도 숙성하면 완성!

 무, 양파, 대파의 겉을 직화 혹은 토치로 태운 후 넣으면 조림 간장에 훈연의 맛이 더해져 달걀 비린내를 잡을 수 있어요.

/
감자조림을 먹을 때
고기만 쏙 빼먹고
감자는 외면하셨었나요?
〈도시곳간〉이
고기 없이 감자로도
정말 맛있는 조림 레시피를
공개합니다!
/

감자조림

메인 재료
○ 감자_ 2개
○ 당근_ 1/3개
○ 다진 양파_ 1t
○ 쪽파_ 조금
○ 물_ 500mL

양념 재료
○ 식용유_ 1T
○ 짜장 가루_ 1t
○ 진간장_ 1T
○ 설탕_ 1T
○ 조청_ 1T
○ 소금_ 1t

1. 감자는 한입 크기로 깍둑 썰고, 당근은 감자보다 조금 더 작은 크기로 깍둑 썰고, 쪽파는 1~2cm 길이로 썬다.

2. 끓는 물에 감자, 식용유, 설탕을 넣고 감자를 3분 정도 찐 후 건져내 한 김 식힌다.

3. 볼에 짜장 가루, 진간장, 조청, 소금을 섞어 양념장을 만든다.

4. 중간 불로 달군 팬에 물과 감자를 넣고 감자가 70% 정도 익을 때까지 끓이며 물을 졸인다.

5. 양념장과 당근을 넣고 국물이 더 졸여 들게 5분 정도 더 끓인다.

6. 국물이 거의 다 졸여지면 불을 끄고 다진 양파와 쪽파를 고명으로 올리면 끝!

 핵심 양념 재료는 바로 짜장 가루입니다!
맛도, 색도 세 단계 더 업그레이드 할 수 있어요.

/
식사 때마다
보이지 않으면 서운할,
냉장고 한쪽에
오랫동안 보관할 수 있는
대표적인
조림 반찬입니다.
/

검은콩조림 & 땅콩조림 & 씨앗콩조림

 2 persons 분량   20 min 조리시간   15 day 냉장보관

메인 재료 (반찬 1종류 분량)

○ 검은콩_ 100g
○ 땅콩_ 100g
○ 씨앗콩(씨앗+삶은 검은콩+삶은 땅콩)_ 100g
○ 물_ 200mL

양념 재료 (반찬 1종류 분량)

○ 양조간장_ 4T
○ 설탕_ 2T
○ 조청_ 3T
○ 소금_ 1꼬집

검은콩
1. 검은콩은 하루 정도 물에 불린 후 끓는 물에 20분 정도 삶아 흐르는 물에 씻은 다음 체에 밭쳐 물기를 제거한다.

땅콩
1. 땅콩은 끓는 물에 5분 정도 삶은 후 흐르는 물에 씻어 겉껍질을 벗긴 다음 체에 밭쳐 물기를 제거한다.

씨앗콩
1. 씨앗과 삶은 검은콩, 삶은 땅콩을 섞어 준비한다.

2. 볼에 모든 양념 재료를 섞어 양념장을 만든다.

3. 중간 불로 달군 팬에 검은콩(or 땅콩 or 씨앗콩), 양념장, 물을 넣고 끓인다.

4. 타지 않게 틈틈이 저으며 국물이 자작하게 졸아들 때까지 끓이면 완성!

 셰프의 Tip 콩을 먹기 좋게 충분히 불린 후 양념에 조려야 식감이 딱딱하지 않아요.

/
조림 반찬 중 흰쌀밥과
가장 잘 어울리는 메뉴입니다.
편식 심한 사람도
따끈한 밥에 장조림이면
한 그릇 뚝딱일걸요?
/

소고기장조림 & 돼지고기장조림

 2 persons  60 min  5 day

메인 재료 (반찬 1종류 분량)
- 소고기(사태, 양지, 우둔 등)_ 300g
- 돼지고기(안심, 뒷다릿살 등)_ 300g

양념 재료 (반찬 1종류 분량)
- 진간장_ 100mL (or 맛간장 200mL)
- 물_ 500mL
- 노두유_ 1t
- 미림_ 4T
- 설탕_ 1T
- 대파_ 1개
- 양파_ 1/2개
- 통후추_ 1t
- 통마늘_ 1개
- 통깨_ 1t

1. 소고기(돼지고기)는 끓는 물에 5분 정도 삶은 후 흐르는 물에 깨끗이 씻어 불순물을 제거한다.

2. 냄비에 삶은 소고기(돼지고기), 대파, 양파, 통후추, 통마늘을 넣고 소고기(돼지고기)가 잠길 정도로 물을 부은 후 강한 불에서 15~20분 정도 팔팔 끓이다 중약 불로 줄이고 30분 정도 더 끓인다.

3. 소고기(돼지고기)가 속까지 잘 익으면 꺼내 식힌 후 지방을 손질하고 먹기 좋은 크기로 자른다.
   Tip 젓가락으로 고기를 꾹 찔렀을 때 쑥 잘 들어가면 속까지 다 익은 거예요.

4. 팬에 진간장, 노두유, 미림, 설탕, 물을 넣고 중간 불에서 한소끔 끓인 후 손질한 소고기(돼지고기)를 넣고 고기에 양념이 잘 밸 때까지 팔팔 끓인다.

5. 국물이 자작하게 졸여지면 불을 끄고 통깨를 뿌리면 완성!

 첫번로 삶은 후 지방을 최대하고, 중간 불로 최소 30분~1시간 이상 양념장에 조려주세요.

/
바로 만들어
뜨끈할 때 먹어도 맛있고,
냉장고에서 금방 꺼내
차갑게 먹어도 맛있는
반찬입니다.
/

두부조림

 2 persons    20 min    2 day

메인 재료
- 두부_ 1모(약 300g)
- 무_ 1/8개(약 100g)
- 양파_ 1/4개
- 대파_ 1/4개
- 물_ 200mL

양념 재료
- 고춧가루_ 3T
- 다진 마늘_ 1t
- 새우젓_ 1T
- 설탕_ 1T
- 진간장_ 2T
- 들기름_ 2T
- 통깨_ 1t

1. 두부는 1cm 두께로 두툼하게 썰고 키친타월로 지그시 눌러 물기를 제거한다.

2. 무는 반달 모양으로 넓적하게 썰고, 양파는 가늘게 채 썰고, 대파는 얇게 어슷 썰고, 모든 양념 재료는 섞어 양념장을 만든다.

3. 냄비 바닥에 무를 깔고 그 위에 두부를 올린 후 양념장과 물을 붓고 중간 불에서 10분 정도 팔팔 끓인다.

4. 채 썬 양파를 올리고 5분 정도 더 끓인다.

5. 국물이 자작하게 졸아들면 어슷 썬 대파를 올리고 약한 불로 줄여 좀 더 끓인다.

6. 불을 끄고 통깨를 뿌리면 완성!

 세프의 Tip 조림용으로 나온, 조금 더 탄탄하고 탱글탱글한 두부로 조리하면 덜 부서지게 만들 수 있어요.

/
냉장고에 없으면
섭섭한 반찬 중 하나이지요.
동글동글한 메추리알에
곱게 색이 입혀지는 모습이
참 예쁘답니다.
/

메추리알장조림

 2 persons  30 min 조리시간  5 day 냉장보관

메인 재료
○ 깐 메추리알_ 500g
○ 꽈리고추_ 2개
○ 홍고추_ 1개
○ 물_ 400mL

양념 재료
○ 진간장_ 100ml
○ 설탕_ 4T
○ 조청_ 1T
○ 노두유_ 1T

1. 메추리알은 소금과 식초를 넣은 끓는 물에 5~6분 정도 삶은 후 껍질을 벗기고, 꽈리고추는 이쑤시개로 몸통에 구멍을 뽕뽕 내고, 홍고추는 꼭지를 떼고 어슷 썬다.
   Tip 미리 삶아진 시판 메추리알을 사용하면 더 편하게 요리할 수 있어요.

2. 냄비에 깐 메추리알, 물, 진간장, 설탕, 조청, 노두유를 넣고 강한 불에서 20~30분 정도 팔팔 끓인다.

3. 메추리알에 간장색이 들면 중간 불로 줄이고 꽈리고추를 넣은 후 3분 정도 더 끓인다.

4. 불을 끄고 참기름을 넣어 섞은 후 홍고추를 고명으로 올리면 완성!

 셰프의 Tip 어느 정도 염도가 있는 간장으로 만들어야 메추리알이 쉽게 상하지 않아요.

/
생선 굽는 냄새는 싫은데
생선은 먹고 싶으신가요?
그렇다면 조림입니다.
양념에 푹 조려진 무와 고등어살을
밥에 얹어 먹으면 게임 끝!
/

고등어조림

 2 persons 분량  40 min 조리시간   3 day 냉장보관

메인 재료
○ 고등어_ 1마리
○ 무_ 1/8개(약 100g)
○ 양파_ 1/2개
○ 대파_ 1/2개
○ 쌀뜨물_ 200mL
○ 물_ 300mL

양념 재료
○ 들기름_ 1T
○ 고춧가루_ 3T
○ 양조간장_ 4T
○ 다진 마늘_ 1T
○ 된장_ 1T
○ 설탕_ 1T
○ 미림_ 1T

1. 고등어는 대가리와 지느러미를 제거하고 흐르는 물에 속살을 깨끗하게 씻은 후 3토막으로 자른다.
   Tip 조림용으로 손질된 고등어를 사용해도 좋아요.

2. 자른 고등어를 쌀뜨물에 10~15분 정도 담갔다 흐르는 물에 씻어 비린내를 제거한 후 양념이 잘 배게 몸통에 칼집을 낸다.

3. 무는 1cm 두께로 두툼하게 썰고, 양파는 채 썰고, 대파는 어슷 썰며, 모든 양념 재료는 섞어 양념장을 만든다.

4. 냄비 바닥에 무를 깔고 고등어 → 양파 → 대파 순으로 올린다.

5. 양념장과 물을 넣고 중간 불에서 15~20분 정도 끓이면 완성!
   Tip 푹 익힌 양파와 파의 식감이 싫다면 15분 정도 끓인 후 양파와 파를 넣고 약한 불에서 5분 정도 더 끓여주세요.

 셰프의 Tip 고등어의 비린내를 잡을 때 쌀뜨물도 좋지만 소주와 밀가루도 효과가 좋습니다.

/
우리나라 고유의
절임 과자(음식)인 정과 같이
쫀득쫀득하고 부드러워
많은 사람이 좋아하는 반찬이에요.
김에 밥과 함께 싸 먹으면
맛있어요.
/

우엉조림

 2 persons 40 min  15 day

메인 재료
○ 우엉_ 200g
○ 물_ 200mL

양념 재료
○ 식용유_ 1T
○ 진간장_ 2T
○ 조청_ 6T
○ 참기름_ 1T
○ 통깨_ 조금

1. 우엉은 흐르는 물에 수세미로 문질러 씻은 후 가늘게 채 썬다.
   Tip 우엉은 껍질에 당뇨를 예방하는 클로로젠산이 많으니 지나치게 깨끗이 씻지 말아 주세요.

2. 냄비에 참기름과 통깨를 제외한 모든 양념 재료와 우엉, 물을 넣고 중간 불에서 30분 정도 끓인다.
   Tip 조청이 들어가 있으니 타지 않게 계속 저으며 끓여주세요.

3. 소스가 끈적끈적하게 졸여지면 불을 끄고 참기름을 넣어 잘 섞는다.
   Tip 농도는 수저에 소스를 묻혀 살짝 식힌 다음 손가락으로 긁었을 때 긁은 모양이 그대로 남아 있다면 딱 좋은 농도에요.

4. 먹기 전에 통깨를 뿌려내면 완성!

 양념이 조려지기 시작하면 순식간에 타니 계속 확인하며 조리해주세요.

/
남은 자투리 채소를
한꺼번에 사용할 수 있는
가장 좋은 레시피입니다.
꼭 모양 맞춰
자르지 않아도 좋아요.
/

모둠채소피클 & 줄리엔피클 & 비트채소피클

메인 재료 (반찬 1종류 분량)

○ 오이_ 1개
○ 당근_ 1/3개
○ 무_ 1/6개(약 150g)
○ 비트_ 1/4개

양념 재료 (반찬 1종류 분량)

○ 식초_ 100mL
○ 물_ 100mL
○ 설탕_ 100mL
○ 피클링스파이스_ 1T
○ 소금_ 1t

모둠채소 1. 오이 1개, 당근 1/3개, 무 1/6개를 먹기 좋은 한입 크기로 자른다.

줄리엔피클 1. 오이 1개, 당근 1/3개, 무 1/6개를 채칼을 사용해 5cm 길이로 얇게 채 썬다.

비트채소피클 1. 오이 1개, 당근 1/3개, 무 1/6개, 비트 1/4개를 먹기 좋은 한입 크기로 자른다.

2. 피클을 담을 병은 열탕 소독해 말린다.

3. 열탕 소독한 병에 모둠채소(or 줄리엔채소 or 비트채소)를 담는다.

4. 냄비에 식초를 제외한 모든 양념 재료를 넣고 설탕이 녹을 때까지 끓인 후 불을 끄고 식초를 부어 피클물을 만든다.

5. 채소가 담긴 병에 피클물을 담고 뚜껑을 꼭 닫아 상온에서 2일 정도 숙성하면 완성!

 상온에 보관하면 채소가 물러지니 숙성 후에는 꼭 냉장 보관해주세요.

/
입맛 없고 반찬 없을 때
냉장고 한쪽에서 주섬주섬
꺼내 먹기 좋은 반찬입니다.
오래 보관할 수 있으니
넉넉히 만들어보세요.
/

무꼬들장아찌 & 양파장아찌 & 고추장아찌 & 궁채장아찌

 2 persons   15 min 조리시간  30 day 냉장보관

메인 재료 (반찬 1종류 분량)
○ 무_ 1개(약 800g)
○ 양파_ 2개
○ 고추_ 10개
○ 불린 궁채_ 200g

양념 재료 (반찬 1종류 분량)
○ 물_ 100mL
○ 양조간장_ 100mL
○ 식초_ 100mL
○ 설탕_ 70mL
○ 매실청_ 4T

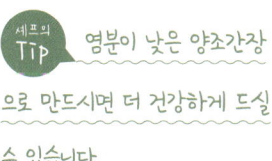
셰프의 Tip 염분이 낮은 양조간장으로 만드시면 더 건강하게 드실 수 있습니다.

무꼬들
1. 무는 가로세로 1×1(cm) 크기로 썰어 햇볕 또는 건조기에 넣어 꼬들꼬들하게 말린 후 물로 씻어 불순물을 제거하고 물기를 꼭 짠다.

양파
1. 양파는 먹기 좋게 한입 크기로 깍둑 썬다.

고추
1. 고추는 흐르는 물에 깨끗하게 씻은 후 이쑤시개로 몸통에 구멍을 작게 낸다.

궁채
1. 불린 궁채나물은 물기를 꼭 짜고 먹기 좋은 크기로 자른다.
   Tip 말린 궁채를 사용한다면 흐르는 물에 여러 번 주물러 씻어 묵은내를 제거한 다음 물에 담가 5시간 정도 불린 후 사용해주세요.

2. 장아찌를 담을 병은 열탕 소독 후 말린 다음 무꼬들(or 양파 or 고추 or 궁채)을 담는다.

3. 냄비에 물, 양조간장, 설탕, 매실청을 넣고 설탕이 다 녹을 때까지 끓인 후 식초를 넣고 잘 섞은 다음 불을 끈다.

4. 간장절임물을 무꼬들(or 양파 or 고추 or 궁채)이 담긴 병에 붓고 뚜껑을 닫은 후 실온에서 2일 정도 숙성하면 완성!

/
식사 후 디저트로 먹기 좋은
절임 반찬입니다.
한입 깨물면 깔끔하고 개운해지는
입가심을 느낄 수 있어요.
/

방울토마토매실절임

 2 persons 15 min  15 day

메인 재료
○ 방울토마토_ 300g
○ 소금_ 1/2t

양념 재료
○ 매실청_ 300g

1. 방울토마토는 꼭지를 떼고 꼭지 반대 부분에 열십자 칼집을 살짝 낸다.
   Tip 칼집이 너무 깊으면 예쁜 모양으로 절임을 만들기 어려워요.

2. 소금을 넣은 뜨거운 물에 방울토마토를 넣어 10초 정도 데친 후 찬물에 식힌다.

3. 데친 방울토마토는 칼집 낸 부분을 손가락으로 잡고 껍질을 살살 벗긴 후 열탕 소독한 병에 담는다.

4. 방울토마토를 담은 병에 매실청을 부어 냉장고에서 하루 정도 숙성하면 완성!
   Tip p.107 '모둠채소피클&줄리엔피클&비트채소피클'의 피클물을 만들어 붓고 상온에서 식힌 후 냉장고에 넣어 하루 정도 숙성하면 새콤한 방울토마토피클이 됩니다.

 터진 곳 없는 싱싱하고 탱탱한 방울토마토로 골라 조리해주세요.

PART
IV

볶음 반찬

여러 번의 시행착오를 통해
아이는 밥반찬, 부모님은 술안주로
최고의 맛을 선보인
'가지강정볶음' 레시피를
공개합니다!

가지강정볶음

 2 persons  20 min  5 day

메인 재료
○ 말린 가지_ 50g
○ 전분_ 3T
○ 식용유_ 100mL

양념 재료
○ 조청_ 3T
○ 고추기름_ 1T
○ 양조간장_ 1t
○ 굴 소스_ 1t

1. 말린 가지는 물에 담가 말랑말랑할 만큼 충분히 불린다.
   Tip 불릴 시간이 없다면 20분 정도 삶아주세요.

2. 불린 가지는 물기를 꼭 짠 후 전분을 골고루 묻힌다.

3. 중간 불로 달군 팬에 식용유를 자작하게 붓고 불린 가지를 노릇하게 튀기듯 구운 후 체에 밭쳐 기름을 뺀다.
   Tip 가지끼리 달라붙지 않게 조금씩 넣으며 구워주세요.

4. 기름을 비우고 다시 팬에 양념 재료를 모두 넣고 섞은 후 약한 불로 한소끔 끓인다.

5. 튀긴 가지를 넣고 양념이 골고루 묻게 약한 불에서 볶으면 완성!

 가지를 기름에 튀기듯 빠싹빠싹하게 구울수록 소스를 묻혔을 때 맛있는 식감을 느낄 수 있어요.

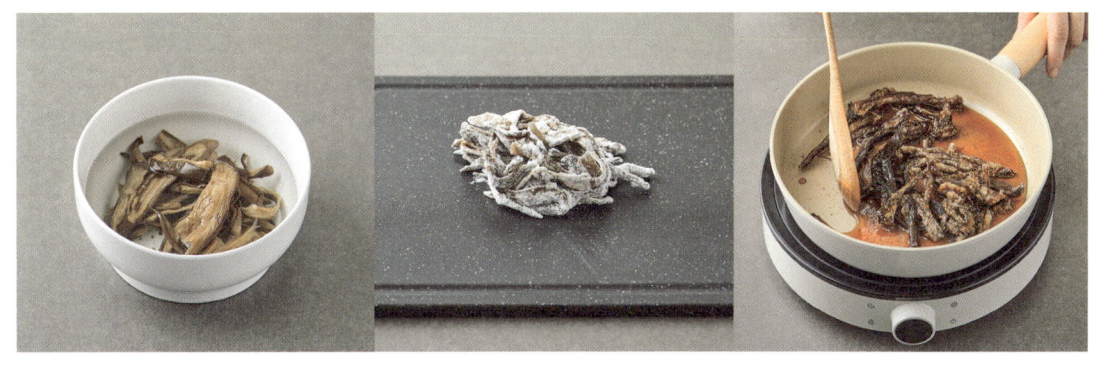

/
바다 내음으로 한 번 먹고,
오돌도돌한 재미있는 식감으로 두 번 먹는,
바다 향 가득한 미역줄기볶음을
식탁에 올려보세요.
/

미역줄기볶음

 2 persons 분량   15 min 조리시간   7 day 냉장보관

메인 재료
○ 미역 줄기_ 150g
○ 양파_ 20g
○ 청·홍피망_ 각 10g
○ 당근_ 20g
○ 식용유_ 1T

양념 재료
○ 다진 마늘_ 1t
○ 참기름_ 1t

1. 미역 줄기는 흐르는 물에 빡빡 씻어 소금기를 턴 후 차가운 물에 10분 정도 담가 짠맛을 뺀 다음 먹기 좋은 길이로 자른다.

2. 양파, 청·홍피망, 당근은 미역 줄기와 비슷한 두께로 얇게 채 썬다.

3. 중간 불로 달군 팬에 식용유를 넣고 다진 마늘을 넣어 볶아 마늘 향을 낸다.

4. 미역 줄기를 넣고 3~5분 정도 볶다 양파, 청·홍피망, 당근을 넣고 좀 더 볶는다.

5. 채소가 다 익으면 불을 끄고 참기름을 넣어 잘 섞으면 완성!

 셰프의 Tip 미역 줄기는 차가운 물에 여러 번 헹궈 소금기를 충분히 뺀 후 조리해주세요.

/
이보다 쉬운 한 상 요리가 또 있을까요?
손님 접대에도 좋고, 술안주로도 좋고,
밥 없이 든든하게
한 끼 먹을 수 있어 더 좋습니다.
/

두부김치볶음

 2 persons  20 min  2 day

메인 재료

○ 두부_ 150g(1/2모)
○ 김치(익은)_ 150g
○ 양파_ 20g
○ 식용유_ 1t
○ 들기름_ 1t

양념 재료

○ 설탕_ 1T
○ 굴 가루_ 1T
○ 참기름_ 1t
○ 통깨_ 1T

1. 김치는 먹기 좋은 한입 크기로 자르고 양파는 얇게 채 썬다.

2. 중간 불로 달군 팬에 식용유와 들기름을 넣고 김치를 넣어 5분 정도 볶는다.

3. 김치에 채 썬 양파, 설탕, 굴 가루를 넣고 볶다 참기름을 넣고 살짝 더 볶아 마무리한다.
   Tip p.155의 김치볶음이 있다면 따로 만들지 않고 곁들여도 좋아요.

4. 두부는 끓는 물에 넣어 속까지 따뜻해지게 데친다.

5. 데친 두부를 먹기 좋게 썰어 담고 김치 볶음도 함께 담아낸 후 통깨를 뿌리면 완성!

 두부는 뜨거운 물에 데치거나 삶는 것보다 체에 밭쳐 찌면 더 맛있어요.

/
남녀노소 모든 고객님이
만족하실 때까지
100번 이상 연구해서 나온 최종 버전!
부드러운 식감을 만들려고
레시피를 얼마나 바꿔가며
만들었는지 몰라요.
/

진미채볶음

 2 persons   20 min   14 day 냉장보관

메인 재료
○ 진미채_ 100g
○ 마요네즈_ 1t

양념 재료
○ 고추장_ 1T
○ 조청_ 1.5T
○ 고춧가루_ 1T
○ 참기름_ 1T
○ 통깨_ 1t

1. 볼에 진미채를 넣고 손으로 적당히 비벼 푼다.

2. 진미채에 마요네즈를 넣어 잘 버무린다.

3. 약한 불로 달군 팬에 진미채를 올려 가볍게 볶은 다음 따로 담아둔다.

4. 다시 팬에 통깨를 제외한 양념 재료를 모두 넣고 섞은 후 약한 불로 한소끔 끓인다.

5. 팬에 진미채를 넣어 약한 불에서 양념이 골고루 묻게 볶고 통깨를 뿌리면 완성!

 셰프의 Tip 부드러운 식감을 위해 진미채를 물에 불리셨나요? 이젠 마요네즈에 버무려보세요. 부드러운 식감은 물론 고소한 맛까지 더해진답니다.

/
아이들이
가장 좋아하는 반찬입니다.
그냥 구워 먹어도 맛있는
비엔나소시지,
더 맛있게 드실 수 있는
레시피를 알려드릴게요.
/

소시지채소볶음

 2 persons　 10 min　 3 day

메인 재료

○ 비엔나소시지_ 150g
○ 양파_ 20g
○ 피망_ 10g
○ 파프리카_ 10g
○ 당근_ 20g

양념 재료

○ 소금_ 1꼬집
○ 칠리 소스_ 1T
○ 케첩_ 1T

1. 비엔나소시지는 양념이 잘 배게 칼집을 넣는다.

2. 양파, 피망, 파프리카, 당근은 비엔나소시지와 비슷한 크기로 깍둑 썬다.
   Tip 피망과 파프리카를 함께 쓰면 서로 씹는 식감이 달라 더 맛있게 먹을 수 있어요. 색은 취향대로 사용해도 좋습니다.

3. 중간 불로 달군 팬에 비엔나 소시지를 넣고 5분 정도 볶다 양파, 피망, 파프리카, 당근, 소금을 넣어 볶는다.

4. 양파가 투명하게 익으면 칠리 소스와 케첩을 넣고 양념이 잘 배게 볶으면 완성!

 비엔나소시지를 끓는 물에 가볍게 데친 후 사용하면 불필요한 지방과 기름이 제거되어 더 담백하게 먹을 수 있어요.

/
보기에도 예쁘고
맛도 좋은데,
영양소까지 풍부해
면역력을 높여주는
슈퍼 파워 반찬입니다.
/

애호박볶음

 2 persons   10 min 조리시간    3 day 냉장보관

메인 재료

○ 애호박_ 1/2개
○ 양파_ 1/6개
○ 당근_ 1/8개
○ 식용유_ 1T

양념 재료

○ 새우젓_ 1t
○ 참기름_ 1t
○ 통깨_ 1t

1. 애호박은 흐르는 물에 깨끗하게 씻은 후 반달 모양으로 채 썬다.

2. 양파와 당근은 가늘게 채 썬다.

3. 새우젓은 칼로 잘게 다진다.
   Tip 새우젓을 잘게 다져 사용하면 애호박에 간이 골고루 배요.

4. 중간 불로 달군 팬에 식용유와 애호박을 넣고 5~7분 정도 볶다 새우젓으로 간을 맞춘다.

5. 양파와 당근을 넣고 양파가 투명해질 때까지 볶는다.

6. 불을 끄고 참기름과 통깨를 뿌려 잔열로 잘 섞으면 완성!

 애호박은 반달 모양으로 편 썬 후 소금을 뿌려 절인 다음 흐르는 물에 씻어 조리하면 더 맛있어요.

/
멸치볶음들보다 더 감칠맛 좋고
씹는 맛도 좋은 반찬을 찾으신다면
실치볶음과 아귀포볶음이 정답입니다.
술안주로도 맛있어요.
/

실치볶음 & 아귀포볶음

 2 persons   15 min    7 day

메인 재료 (반찬 1종류 분량)
- 실치_ 100g
- 아귀포_ 100g
- 견과류_ 30g
- 식용유_ 1T

양념 재료 (반찬 1종류 분량)
- 설탕_ 1t
- 진간장_ 1T
- 조청_ 1T
- 참기름_ 1T
- 마요네즈_ 1t

실치
1. 실치는 약한 불로 달군 팬에 기름 없이 3~5분 정도 볶아 비린내를 날린다.

아귀포
1. 아귀포는 물에 살짝 불린 후 물기를 꼭 짠 다음 약한 불로 달군 팬에 기름 없이 3~5분 정도 볶아 비린내를 날린다.

공통
2. 볶은 아귀포(실치)를 체에 담아 탈탈 털어 부스러기를 제거한다.

3. 설탕, 마요네즈를 제외한 모든 양념 재료를 섞어 양념장을 만든다.

4. 다시 약한 불로 달군 팬에 식용유와 아귀포(실치), 견과류를 넣고 볶다 설탕을 뿌려 볶는다.
   - Tip 설탕이 녹으면서 실치, 아귀포에 코팅되어 더 바삭한 식감이 된답니다.
   - Tip 설탕을 넣고 강한 불에서 볶으면 탄내가 나고 딱딱해지니 꼭 약한 불로 볶아주세요.

5. 설탕이 다 녹으면 양념장을 붓고 아귀포(실치)에 양념이 잘 배게 볶는다.

6. 불을 끄고 마요네즈를 버무리면 완성!

 셰프의 Tip 실치와 아귀포가 생각보다 짭짤합니다. 그러니 요리 전에 먼저 맛을 보고 간을 해주세요.

/
감칠맛 끝판왕 메뉴입니다.
비빔밥 재료로 넣어
밥과 비벼 드셔보세요!
정말 맛있습니다.
/

보리새우마늘종볶음

 2 persons 10 min 7 day

메인 재료

○ 보리새우_ 50g
○ 마늘종_ 200g

양념 재료

○ 다진 마늘_ 1T
○ 양조간장_ 1T
○ 설탕_ 1t
○ 굴 소스_ 1T
○ 미림_ 1T
○ 참기름_ 1T
○ 조청_ 1T
○ 후춧가루_ 조금

1. 마늘종은 흐르는 물에 깨끗하게 씻은 후 3cm 길이로 자른 다음 뜨거운 물에 살짝 데친다.

2. 보리새우는 체에 담아 탈탈 털어 부스러기를 털어낸다.

3. 중간 불로 달군 팬에 굴 소스, 후춧가루를 제외한 모든 양념 재료와 마늘종을 넣고 볶는다.

4. 양념이 끓어오르면 약한 불로 줄이고 보리새우와 굴 소스를 넣어 살짝 졸이듯이 좀 더 볶는다.
   Tip 굴 소스를 넣은 후 많이 볶지 않아야 맛있어요.

5. 마늘종과 보리새우에 양념이 잘 배면 불을 끄고 후춧가루를 뿌려 매콤함을 더하면 완성!

 보리새우의 감칠맛이 잘 우러나올 수 있게 볶을 때 물을 1~2T 정도 넣어 수분감 있게 볶아주세요.

/
마른반찬의 최강자!
보슬보슬 쫄깃쫄깃한
오징어실채볶음입니다.
잔뜩 만들어
두고두고 먹을 수 있어요.
/

오징어실채볶음

메인 재료

○ 오징어 실채_ 100g
○ 견과류_ 30g
○ 식용유_ 1T

양념 재료

○ 참기름_ 1T
○ 조청_ 2T
○ 진간장_ 1T
○ 설탕_ 1t

1. 오징어 실채는 3~4등분으로 자른 후 뭉친 부분을 손으로 잘 푼다.

2. 중간 불로 달군 팬에 식용유를 두르고 오징어 실채와 견과류를 넣어 볶는다.

3. 실채가 꼬불꼬불하게 볶이면 설탕을 넣고, 설탕이 녹을 때까지 볶는다.

4. 불을 약하게 줄이고 참기름, 조청, 진간장을 넣어 양념이 잘 배게 볶으면 완성!

 오징어 실채가 뽀글뽀글 오글오글 말릴 때까지 볶아주세요.

/
〈도시곳간〉에서 재구매율이
가장 높은 반찬 중 하나입니다.
흐물흐물하지 않고
말캉살캉한 가지볶음을 만드는 비밀,
궁금하시죠?
/

가지볶음

 2 persons    15 min 조리시간    3 day 냉장보관

메인 재료
○ 가지_ 1개
○ 양파_ 1/6개
○ 당근_ 1/8개
○ 파프리카_ 1/4개
○ 식용유_ 1T

양념 재료
○ 양조간장_ 1T
○ 굴 소스_ 1T
○ 다진 마늘_ 1t
○ 통깨_ 1t
○ 후춧가루_ 조금

1. 가지는 흐르는 물에 깨끗하게 씻어 키친타월로 물기를 닦고 꼭지를 뗀 후 먹기 좋은 크기로 자른다.

2. 양파, 당근, 파프리카는 얇게 채 썬다.
   Tip 파프리카는 좋아하는 색으로 준비해주세요.

3. 중간 불로 달군 팬에 식용유와 다진 마늘을 넣어 볶아 기름에 마늘 향을 낸다.

4. 가지를 넣고 5분 정도 볶다 굴 소스를 넣어 양념이 잘 배게 볶는다.

5. 양파, 파프리카, 당근을 넣고 양파가 투명해질 때까지 볶다 양조간장을 넣어 간을 더한다.

6. 불을 끄고 통깨와 후춧가루를 뿌린 후 잔열로 잘 섞어주면 완성!

셰프의 Tip 가지가 60~70% 정도 익었을 때 불을 끄고 잔열로 익히면 식감이 훨씬 좋아져 더욱더 맛있게 먹을 수 있어요.

/
술 좋아하시는
주당 고객님들이
특히 좋아하는 반찬이에요.
짭짤한 맛에
술이 술술
넘어간다나요?
/

건새우볶음

 2 persons   15 min   7 day

메인 재료

○ 건 새우_ 100g
○ 설탕_ 1T
○ 식용유_ 1T

양념 재료

○ 고추장_ 1T
○ 고춧가루_ 1T
○ 조청_ 1T
○ 참기름_ 1T
○ 통깨_ 2T

1. 건 새우는 약한 불로 달군 팬에 기름 없이 3~5분 정도 볶아 비린내를 날린다.

2. 볶은 건 새우를 체에 담아 탈탈 털어 부스러기를 제거한다.

3. 다시 약한 불로 달군 팬에 식용유와 건 새우를 넣고 설탕을 뿌려 볶는다.
   Tip 설탕이 녹으면서 건 새우에 코팅되어 더 바삭한 식감이 된답니다.

4. 설탕이 다 녹으면 불을 끄고 통깨를 제외한 모든 양념 재료를 넣어 잔열로 잘 버무린다.
   Tip 불을 계속 켠 채로 볶으면 고추장이 타니 꼭 불을 꺼주세요.

5. 먹기 전에 통깨를 뿌리면 완성!

 건 새우는 기름을 두르지 않고 달군 팬에 바삭하게 볶아 수분을 날린 후 양념해야 양념이 잘 배요.

/
어떻게 하면 건 가지를
맛있게 먹을 수 있을지
고민하고 또 고민한 끝에
탄생한 레시피입니다.
가지볶음과는 다른 식감을
맛볼 수 있어요.
/

건가지볶음

 2 persons 분량
 20 min 조리시간
 3 day 냉장보관

메인 재료

○ 건 가지_ 50g
○ 양파_ 1/4개
○ 식용유_ 1T

양념 재료

○ 물_ 2T
○ 국간장_ 2T
○ 들기름_ 1T
○ 굴 가루_ 1T
○ 참기름_ 1T
○ 들깻가루_ 2T
○ 통깨_ 1t
○ 후춧가루_ 조금

1. 건 가지는 물에 담가 2~3시간 정도 불린 후 흐르는 물에 헹군 다음 물기를 꼭 짠다.

2. 볼에 불린 가지, 물, 국간장, 들기름, 굴 가루, 후춧가루를 넣고 조물조물 무친 후 간이 배게 10분 정도 둔다.

3. 양파는 도톰하게 채 썰어 중간 불로 달군 팬에 식용유와 함께 넣어 투명해질 때까지 볶은 후 따로 덜어둔다.

4. 중간 불로 다시 팬을 달궈 양념한 가지를 넣고 5분 정도 볶다 볶아둔 양파를 넣어 좀 더 볶는다.

5. 가지의 수분이 어느 정도 날아가면 불을 끄고 참기름, 들깻가루, 통깨를 넣고 잔열로 잘 섞으면 완성!

 셰프의 Tip 건 가지는 물에 충분히 불리거나 뜨거운 물에 삶아야 껍질이 부드러워져 양념이 잘 밸 수 있어요.

/
버섯을 싫어하는 아이도
알록달록한 색감에
한 번 두 번 젓가락질하다 보면
어느새 잘 먹게 되는
마법의 반찬입니다.
/

그린빈표고버섯볶음

 2 persons |  15 min 조리시간 |  3 day 냉장보관

메인 재료
○ 표고버섯_ 10개
○ 그린빈_ 30개
○ 양파_ 1/6개
○ 식용유_ 2T

양념 재료
○ 다진 마늘_ 1t
○ 미림_ 1T
○ 양조간장_ 1T
○ 굴 소스_ 1/2T
○ 조청_ 1T
○ 통깨_ 1t
○ 후춧가루_ 조금

1. 표고버섯은 기둥을 떼고 갓만 얇게 편 썰고, 양파는 얇게 채 썰고, 그린빈은 흐르는 물에 가볍게 씻은 후 키친타월로 물기를 제거한다.

2. 중간 불로 달군 팬에 식용유와 다진 마늘을 넣고 기름에 마늘 향을 낸다.

3. 표고버섯을 올려 버섯에 식용유가 모두 흡수될 때까지 볶다 미림을 넣고 표고버섯이 60% 정도 익을 때까지 볶는다.

4. 볶은 표고버섯을 팬 한구석으로 몰고 빈 곳에 그린빈, 양파, 양조간장, 굴 소스, 조청, 후춧가루를 넣고 양념이 잘 배게 섞듯이 볶는다.

5. 불을 끄고 통깨를 올려 잔열로 가볍게 섞으면 완성!

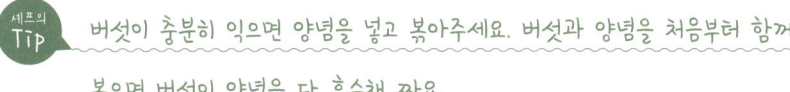

셰프의 TIP 버섯이 충분히 익으면 양념을 넣고 볶아주세요. 버섯과 양념을 처음부터 함께 볶으면 버섯이 양념을 다 흡수해 짜요.

/
채 썬 감자 외에도
양파, 피망, 햄을 함께 넣어
푸짐하게 만들어보세요.
너무 많이 한 거 아닌가 싶겠지만
드시다 보면
모자랄 만큼 맛있습니다.
/

감자채볶음

 2 persons 분량  15 min 조리시간  5 day 냉장보관

메인 재료

○ 감자_ 2개
○ 양파_ 1/6개
○ 피망_ 1/4개
○ 햄_ 20g
○ 식용유_ 1t
○ 참기름_ 1t

양념 재료

○ 소금_ 1t
○ 통깨_ 1t

1. 1. 감자는 깨끗하게 씻어 껍질을 벗긴 후 채칼을 사용해 채 썬다.
   Tip 감자채의 두께가 얇으면 볶다 부서질 수 있으니 살짝 도톰하게 채 썰어주세요.

2. 채 썬 감자는 끓는 물에 넣어 30초 ~ 1분 정도 데친 후 체에 건져 물기를 뺀다.
   Tip 전분기를 제거하는 과정이에요.

3. 양파, 피망, 햄은 감자채와 비슷한 두께로 채 썬다.
   Tip 피망은 좋아하는 색으로 준비해주세요.

4. 중간 불로 달군 팬에 식용유, 참기름을 넣고 감자채를 넣어 볶다 감자가 익으면 소금을 넣어 간을 맞춘 후 불을 끄고 따로 담아둔다.
   Tip 2번 과정을 하지 않았다면 감자채를 볶을 때 서로 들러붙지 않게 주의하며 볶아주세요.

5. 다시 중간 불로 팬을 달궈 양파, 피망, 햄을 넣어 볶는다.

6. 양파가 투명하게 익으면 따로 덜어뒀던 감자채를 넣어 섞듯이 잘 볶다 통깨를 뿌리면 완성!

 셰프의 Tip 감자채는 세게 볶으면 부스러지기 쉬우니, 소금물에 담가 절인 후 조리하면 부서지지 않는 깔끔한 감자채볶음을 만들 수 있어요.

한국인이라면
한 번은 꼭 먹는
국민 반찬입니다.
씹을수록 고소한 맛이 일품인
어묵볶음, 짜지 않게 만드는
비법을 공개합니다!

어묵볶음 & 매콤어묵볶음

 2 persons 분량   15 min 조리시간    3 day 냉장보관

메인 재료 (반찬 1종류 분량)
- 납작어묵_ 2장
- 양파_ 1/6개
- 마늘종_ 20g

양념 재료 (반찬 1종류 분량)
- 식용유_ 1T
- 양조간장_ 1T
- 설탕_ 1T
- 조청_ 1T
- 통깨_ 1t
- 물_ 2T

추가 양념 재료 (반찬 1종류 분량)
- 고추장_ 1t
- 고춧가루_ 1t

 촉촉한 어묵볶음을 좋아한다면 어묵에 양념이 밴 후 마무리 볶음 때 물을 1~2T 정도 더 넣어주세요.

어묵볶음
1. 통깨를 제외한 모든 공통 양념 재료를 섞어 양념장을 만든다.

매콤어묵볶음
1. 통깨를 제외한 모든 공통 양념 재료와 추가 양념 재료를 섞어 양념장을 만든다.

공통

2. 어묵과 마늘종은 먹기 좋은 크기로 자르고, 양파는 가늘게 채 썬다.
   Tip 어묵, 양파, 마늘종 길이를 비슷하게 자르면 완성 후 보기에도 예쁘고 식감도 좋아요.

3. 끓는 소금물에 마늘종을 넣고 30초 ~ 1분 정도 데친 후 체로 건져 한 김 식히며 물기를 날린다.

4. 중간 불로 달군 팬에 양념장(간장 or 매콤)을 붓고 한소끔 끓인 후 어묵을 넣어 양념이 배게 볶는다.

5. 어묵에 양념이 배면 양파와 마늘종을 넣고 양파가 투명해질 때까지 볶는다.

6. 불을 끄고 통깨를 뿌리면 완성!

/
표고버섯의 감칠맛과
들깻가루의 고소함이
환상적인 조화를 이루는
반찬입니다.
〈도시곳간〉 직원들이
가장 좋아하지요.
/

들깨표고버섯볶음

 2 persons   15 min  3 day

메인 재료

○ 표고버섯_ 10개
○ 부추_ 조금
○ 통깨_ 1t
○ 들기름_ 1T

양념 재료

○ 양조간장_ 1T
○ 조청_ 1T
○ 굴 소스_ 1T
○ 들깻가루_ 2T

1. 표고버섯은 기둥을 떼고 갓만 얇게 편 썰고, 부추는 2~3cm 길이로 자른다.

2. 편 썬 표고버섯은 끓는 물에 15~20초 정도 데친 후 차가운 물에 담가 식힌 다음 물기를 꼭 짠다.

3. 중간 불로 달군 팬에 들기름과 데친 표고버섯을 넣고 3분 정도 볶는다.

4. 표고버섯의 숨이 좀 죽으면 양조간장, 조청, 굴 소스를 넣고 타지 않게 빠르게 볶는다.

5. 양념이 잘 배면 불을 끄고 들깻가루와 부추를 넣고 잔열로 잘 섞는다.

6. 통깨를 뿌리면 완성!

 들깻가루는 불을 끈 후 넣고 잔열로 잘 섞어주세요.

겉은 바삭, 속은 쫀득!
두부를 싫어하는 아이들도
맛있게 먹는 두부 요리입니다.
밥반찬도 좋지만
간식으로도 좋아요.

두부강정볶음

 2 persons 분량 20 min 조리시간 1 day 냉장보관

메인 재료
○ 두부_ 1/2모(약 150g)
○ 소금_ 1t
○ 찹쌀가루_ 3T
○ 전분_ 3T
○ 식용유_ 100g
○ 검은깨_ 10g
○ 통깨_ 10g
○ 쪽파_ 약간

양념 재료
○ 칠리 소스_ 100g

1. 두부는 한입 크기로 깍둑 썬 후 소금을 뿌려 밑간한 다음 물이 나오면 키친타월로 눌러 물기를 제거한다.

2. 물기를 뺀 두부는 찹쌀가루와 전분을 섞은 비닐봉지에 넣어 요리조리 굴려 튀김옷을 골고루 입힌다.

3. 중간 불로 달군 팬에 식용유를 낙낙히 붓고 두부를 넣어 튀기듯 구운 후 키친타월에 올려 기름을 뺀다.

4. 기름을 비운 팬을 다시 중간 불로 달궈 튀긴 두부와 칠리 소스를 넣고 양념이 잘 배게 볶는다.

5. 먹기 전에 송송 썬 쪽파, 검은깨, 통깨를 뿌려내면 완성!

 셰프의 Tip 두부의 수분을 최대한 제거해야 튀길 때 기름이 튀지 않아요.

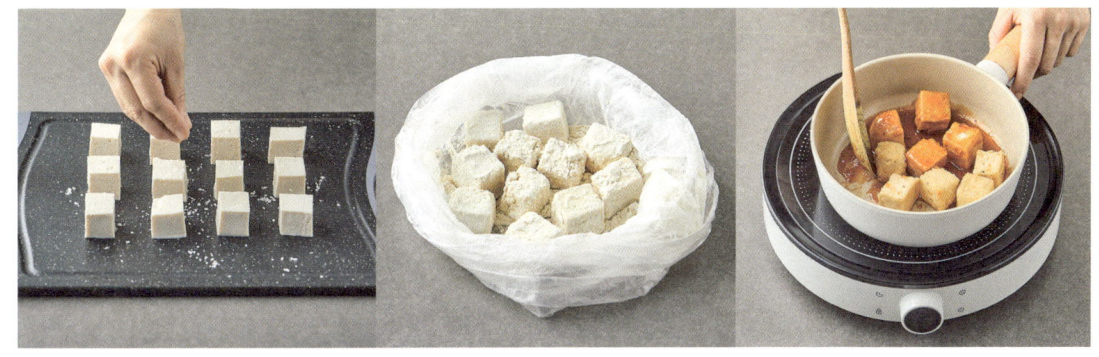

/
질길 것 같다고요?
일단 드셔보세요.
부드럽고 쫀득쫀득한 식감을 맛보면
자꾸만 손이 갈 거예요.
오랫동안 보관할 수 있는 반찬입니다.
/

명엽채볶음

메인 재료

○ 명엽채_ 100g
○ 견과류_ 30g
○ 식용유_ 1T
○ 설탕_ 1t

양념 재료

○ 진간장_ 1T
○ 조청_ 1T
○ 참기름_ 1T
○ 마요네즈_ 1T

1. 명엽채는 먹기 좋은 길이로 자른다.

2. 약한 불로 달군 팬에 기름 없이 3~5분 정도 명엽채를 볶아 비린내를 날린 후 따로 덜어둔다.

3. 다시 약한 불로 달군 팬에 식용유를 넣고 명엽채와 견과류를 올려 볶다 설탕을 넣어 볶는다.
   Tip 설탕을 넣고 강한 불에서 볶으면 탄내가 나고 딱딱해지니 꼭 약한 불로 볶아주세요.

4. 설탕이 다 녹으면 진간장, 조청, 참기름을 넣고 볶는다.

5. 양념이 잘 배면 불을 끄고 마요네즈를 넣어 골고루 버무리면 완성!

 명엽채를 찢을 때는 명엽채끼리 겹치지 않게 하나하나 잘 떼어내며 찢어주세요.

칼슘이 풍부한 멸치와
어울리는 재료가 이렇게 많습니다.
한번 만들 때 다양한 식감의
멸치볶음을 즐겨보세요.

멸치볶음 & 호두멸치볶음 & 꽈리멸치볶음

 2 persons 분량  15 min 조리시간   7 day 냉장보관

메인 재료 (반찬 1종류 분량)
- 멸치_ 200g
- 견과류_ 30g
- 호두_ 40g
- 꽈리고추_ 3개

양념 재료 (반찬 1종류 분량)
- 설탕_ 1T
- 조청_ 2T
- 통깨_ 3T
- 마요네즈_ 1T
- 참기름_ 1t

공통
1. 중간 불로 달군 팬에 기름 없이 멸치만 넣어 볶아 비린내를 날린 다음 체에 담아 부스러기를 털어낸다.

2. 키친타월로 팬을 한번 닦고 다시 중간 불로 달군 후 참기름과 멸치를 넣어 볶다 설탕 1T을 넣은 다음 바삭하게 볶는다(*꽈리멸치볶음을 만든다면 바로 4번으로 건너뛰어 마무리한다).

3. 설탕이 모두 녹으면 견과류를 넣어 함께 볶아 견과류의 비린 향도 날린다.

멸치볶음
4. 약한 불로 줄이고 조청을 넣어 타지 않게 잘 섞듯이 볶은 후 불을 끄고 마요네즈를 넣어 잔열로 마요네즈를 녹이며 골고루 잘 버무려지게 볶은 다음 통깨를 뿌리면 완성!

호두멸치볶음
4. 약한 불로 줄이고 호두와 조청을 넣어 타지 않게 잘 섞듯이 볶은 후 통깨를 뿌리면 완성!

꽈리멸치볶음
4. 약한 불로 줄이고 반으로 썬 꽈리고추와 조청을 넣어 타지 않게 잘 섞듯이 볶은 후 통깨를 뿌리면 완성!

 셰프의 Tip 멸치는 기름을 두르지 않고 달군 팬에 수분이 날아갈 때까지 충분히 볶아야 바삭바삭하게 먹을 수 있어요.

/
물리지 않는 매콤한 맛에
아삭한 식감!
목이버섯의 매력에
제대로 빠지게 해드릴게요.
/

목이버섯볶음

메인 재료
○ 목이버섯_ 100g
○ 부추_ 10g
○ 양파_ 1/4개
○ 베트남 고추_ 10개
○ 다진 마늘_ 1t
○ 식용유_ 1T

양념 재료
○ 참치액젓_ 1T
○ 국간장_ 1/2T

1. 목이버섯은 물에 담가 말랑해질 때까지 불린 다음 흐르는 물에 깨끗하게 씻는다.

2. 불린 목이버섯은 물기를 꼭 짠 후 먹기 좋은 크기로 자르고 키친타월로 지그시 눌러 남은 물기를 제거한다.

3. 부추는 5cm 길이로 자르고 양파는 얇게 채 썬다.

4. 약한 불로 달군 팬에 식용유와 다진 마늘을 넣고 볶아 향을 낸 다음 목이버섯을 올려 볶는다.

5. 목이버섯에서 '타닥' 소리가 나면 불을 끄고 참치액젓, 국간장, 베트남 고추를 넣어 양념이 배게 잔열로 볶는다.

6. 볶은 목이버섯을 볼에 옮겨 담아 반쯤 식힌 후 양파와 부추를 올려 잘 섞으면 완성!

셰프의 Tip 목이버섯은 '타닥' 소리가 날 때까지 볶아주세요.

/
김치볶음에 현란한 기교는
필요하지 않습니다.
김치 자체의 맛을 살려
맛있게 볶는
〈도시곳간〉의 심플 레시피면
충분히 맛있습니다.
/

김치볶음

 2 persons 분량   20 min 조리시간  10 day 냉장보관

메인 재료

○ 묵은지_ 140g
○ 양파_ 1/4개
○ 쪽파_ 조금
○ 식용유_ 1t
○ 들기름_ 1t

양념 재료

○ 굴 가루_ 1T
○ 설탕_ 1T
○ 참기름_ 1t
○ 통깨_ 1t

1. 묵은지는 먹기 좋은 한입 크기로 썰고, 양파는 가늘게 채 썰고, 쪽파는 송송 잘게 썬다.

2. 중간 불로 달군 팬에 식용유, 들기름, 김치를 넣고 5분 정도 볶는다.

3. 김치가 투명하게 익기 시작하면 양파, 굴 가루를 넣고 양념이 잘 배게 섞으며 볶는다.

4. 양념이 잘 배면 설탕을 뿌려 김치에 코팅하듯 좀 더 볶는다.

5. 설탕이 다 녹으면 불을 끄고 참기름을 뿌려 잔열로 잘 섞고 쪽파와 통깨를 뿌리면 완성!

 셰프의 Tip 모든 김치 요리가 그렇듯, 푹~ 잘 익은 김치로 만들어야 맛있습니다.

매콤한 맛을 즐기는 분들이
좋아하는 반찬입니다.
밥과 함께 김에 싸서 드시면
정말 맛있어요!

고추장멸치볶음

 2 persons   15 min 조리시간  7 day 냉장보관

메인 재료
○ 멸치_ 200g

양념 재료
○ 설탕_ 1T
○ 고추장_ 1T
○ 조청_ 1T
○ 참기름_ 1T
○ 고춧가루_ 1T
○ 통깨_ 1t

1. 중간 불로 달군 팬에 기름 없이 멸치만 넣어 볶아 비린내를 날린 다음 체에 담아 부스러기를 털어낸다.

2. 키친타월로 팬을 닦고 다시 중간 불로 달군 후 멸치를 넣어 볶다 설탕 1T을 넣어 코팅하듯 바삭하게 볶은 후 따로 덜어둔다.

3. 설탕, 참기름을 제외한 나머지 양념 재료를 잘 섞어 양념장을 만든다.

4. 키친타월로 팬을 닦고 다시 중간 불로 달군 후 양념장을 넣어 한소끔 끓인다.

5. 설탕에 볶은 멸치를 넣고 양념이 잘 배게 골고루 섞듯이 볶는다.
   Tip 이때 취향의 견과류 조금을 함께 넣고 볶아도 좋아요.

6. 불을 끄고 참기름을 넣은 후 잔열로 잘 섞어주면 완성!

셰프의 Tip 멸치 자체가 짠 편이니, 양념장을 만들기 전에 멸치 간을 본 다음 고추장 양을 조절해주세요.

/
김치볶음에서 2% 부족함을
느꼈던 분들에게
추천하는 메뉴입니다.
마요네즈와 함께 따끈한 밥 위에
덮밥처럼 올려 비벼 드셔보세요!
/

참치김치볶음

 2 persons   15 min  7 day

메인 재료
○ 묵은지_ 140g
○ 참치_ 30g
○ 양파_ 1/4개
○ 쪽파_ 조금
○ 식용유_ 1t
○ 들기름_ 1t

양념 재료
○ 굴 가루_ 1T
○ 설탕_ 1t
○ 참기름_ 1T
○ 통깨_ 1t

1. 묵은지는 먹기 좋은 한입 크기로 썰고, 양파는 가늘게 채 썰고, 쪽파는 송송 잘게 썰고, 참치는 기름을 꼭 짠다.

2. 중간 불로 달군 팬에 식용유, 들기름, 김치를 넣고 5분 정도 볶는다.

3. 김치가 투명하게 익기 시작하면 참치를 넣고 좀 더 볶는다.

4. 김치가 부들부들하게 익으면 양파, 굴 가루, 설탕을 넣어 양념이 잘 배게 섞듯이 볶는다.

5. 양념이 잘 배면 불을 끄고 참기름을 뿌려 잔열로 잘 섞고 쪽파와 통깨를 올리면 완성!

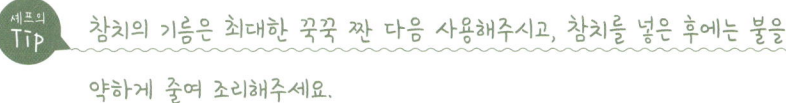
셰프의 Tip 참치의 기름은 최대한 꾹꾹 짠 다음 사용해주시고, 참치를 넣은 후에는 불을 약하게 줄여 조리해주세요.

/
고기 구울 때 곁다리로
함께 구웠던 새송이버섯이
당당히 메인 재료 자리를 차지했어요.
따끈한 밥과 잘 어울리는
근사한 반찬입니다.
/

새송이버섯볶음

 2 persons 15 min  2 day

메인 재료

○ 새송이버섯_ 3개
○ 쪽파_ 조금
○ 식용유_ 1T

양념 재료

○ 참기름_ 1T
○ 국간장_ 1T
○ 굴 소스_ 1t
○ 다진 마늘_ 1t
○ 통깨_ 1T

1. 새송이버섯은 세로로 길게 편 썰고, 쪽파는 잘게 송송 썬다.

2. 자른 새송이버섯은 끓는 물에 20~30초 정도 데친 후 차가운 물에 담가 식힌 다음 물기를 꼭 짠다.

3. 중간 불로 달군 팬에 데친 새송이버섯과 식용류를 넣고 3분 정도 볶는다.

4. 새송이버섯의 숨이 좀 더 죽으면 국간장, 굴 소스, 다진 마늘을 넣고 양념이 잘 배게 좀 더 볶는다.

5. 양념이 잘 배면 불을 끄고 참기름과 통깨를 넣어 잔열로 섞듯이 가볍게 볶는다.

6. 송송 썬 쪽파를 고명으로 올리면 완성!

 새송이버섯을 살짝 데친 후 볶으면 식감이 더 좋답니다.

PART
V
국 & 탕 & 찌개

/
찬바람이 슬금슬금
불기 시작할 때
생각나는 국이죠?
'들어간 재료는
소고기와 무가 다인데,
어떻게 이런 맛이 나지?'
싶으실 거예요.
/

소고기뭇국

 2 persons   40 min    5 day

메인 재료
○ 소고기(국거리)_ 100g
○ 무_ 1/4개(약 200g)
○ 참기름_ 1t
○ 물_ 600mL

양념 재료
○ 참치액젓_ 1T
○ 국간장_ 1T
○ 다진 마늘_ 1t
○ 후춧가루_ 조금

1. 소고기는 먹기 좋게 한입 크기로 자르고, 무는 얇게 나박 썬다.

2. 중간 불로 달군 냄비에 참기름, 소고기를 넣고 볶는다.

3. 소고기가 반쯤 익으면 무를 넣고 함께 볶는다.

4. 무가 투명해지면 물을 붓고 끓인다.

5. 국이 팔팔 끓으면 참치액젓, 국간장, 다진 마늘, 후춧가루를 넣어 간을 맞춘다.

6. 무가 푹 익을 때까지 팔팔 끓이면 완성!

 셰프의 Tip 소고기는 사태, 양지, 우둔 등 기름기가 적은 부위를 사용해 만들어야 깔끔한 국물을 먹을 수 있어요.

/
누구나 다 아는 맛이지만,
누구나 다 맛있게 끓이기는 어려운 김치찌개,
〈도시곳간〉이 아낌없이 노하우를 탈탈 턴
레시피를 담아보았어요.
/

돼지고기김치찌개

 2 persons    35 min    5 day

메인 재료

○ 묵은지_ 400g
○ 돼지고기_ 150g
○ 대파_ 1/2개
○ 양파_ 1/4개
○ 두부_ 1/4모(약 70g)
○ 식용유_ 1T
○ 물_ 700mL

양념 재료

○ 굵은 고춧가루_ 2T
○ 고운 고춧가루_ 2T
○ 다진 마늘_ 1T
○ 설탕_ 2T
○ 진간장_ 2T
○ 참치액젓_ 1T
○ 표고버섯 가루_ 2T

1. 묵은지와 돼지고기는 먹기 좋은 크기로 썰고, 대파는 어슷 썰고, 양파는 얇게 채 썰고, 두부는 한입 크기로 깍둑 썬다.

2. 중간 불로 달군 팬에 식용유와 돼지고기를 넣고 볶아 기름을 낸 후 고운 고춧가루, 굵은 고춧가루, 다진 마늘을 넣고 좀 더 볶는다.

3. 매콤한 향이 올라오면 묵은지와 양파, 설탕을 넣고 양파가 투명해질 때까지 볶는다.
   Tip 설탕을 넣으면 김치의 신맛이 잡혀요.

4. 물을 붓고 돼지고기가 익을 때까지 팔팔 끓인 다음 진간장, 참치액젓으로 간을 맞춘다.

5. 불을 약하게 줄이고 대파와 표고버섯 가루를 넣어 잘 섞은 후 5분 정도 더 끓이면 완성!

 묵은지가 있다면 이미 반은 완성입니다. 푹 끓일 테니 돼지고기도 큼직하게 썰어 사용해주세요.

/
손님상에 당당히
메인 요리로 내놓을 수 있는
푸짐하고 깔끔한 맛의
꽃게탕 레시피입니다.
남은 채소를 한꺼번에 쓰고 싶을 때
끓여도 좋아요.
/

꽃게탕

 2 persons 30 min 조리시간  4 day 냉장보관

메인 재료

○ 손질 꽃게_ 2마리
○ 무_ 1/8개(약 100g)
○ 애호박_ 1/4개
○ 양파_ 1/2개
○ 대파_ 1/2개
○ 두부_ 1/4모
○ 채수_ 750ml

양념 재료

○ 고추장_ 1/2T
○ 된장_ 2T
○ 다진 마늘_ 2T
○ 굴 가루_ 2T
○ 고춧가루_ 3T
○ 국간장_ 2T
○ 참치액젓_ 2T

1. 꽃게는 흐르는 물에 속까지 깨끗하게 씻어 비린내와 불순물을 제거한다.

2. 무는 나박 썰고, 애호박은 반달로 편 썰고, 양파는 가늘게 채 썰고, 대파는 어슷 썰고, 두부는 먹기 좋은 크기로 깍둑 썬다.

3. 모든 양념 재료를 섞어 양념장을 만든다.

4. 팬에 채수, 양념장, 무, 애호박, 양파를 넣고 중간 불로 팔팔 끓인다.

5. 무가 투명하게 익으면 꽃게, 대파, 두부를 넣고 불을 약하게 줄인 후 5분 정도 더 끓이면 완성!

   Tip 꽃게를 빨리 넣으면 살이 국물로 다 빠져 보기에 지저분하고 꽃게도 먹을 게 없어져요.

 신선한 꽃게라면 다 좋지만, 특히 암꽃게로 요리하면 더 맛있어요.

고기와 국물 모두 먹고 싶은 날
잘 어울리는 요리에요.
다른 반찬 필요 없이
김치만 곁들여 먹으면
든든하게 한 끼 해결!

갈비탕

 2 persons 분량  60 min 조리시간  4 day 냉장보관

메인 재료

○ 소고기(갈비)_ 400g
○ 무_ 1/8개(약 100g)
○ 대파_ 1/2개
○ 양파_ 1/2개
○ 통마늘_ 4개
○ 통후추_ 조금
○ 다시마_ 1조각
○ 물_ 800mL

양념 재료

○ 국간장_ 1T
○ 다진 마늘_ 1t
○ 소금_ 조금
○ 후춧가루_ 조금

1. 소갈비는 찬물에 담가 물을 1~2번 바꿔가며 핏물을 뺀다.

2. 핏물을 뺀 소갈비는 끓는 물에 5분 정도 삶은 후 흐르는 물에 씻어 잡내와 불순물을 제거한다.

3. 냄비에 손질한 소갈비, 무, 대파, 양파, 통마늘, 다시마, 통후추를 넣고 소갈비가 익을 때까지 강한 불에서 30분 정도 팔팔 끓인다.

4. 소갈비는 건져 따로 담아두고, 국물은 거름망에 걸러 깨끗한 국물만 남긴다.

5. 작은 냄비에 소갈비와 걸러낸 국물을 적당량 넣고 한소끔 끓인 뒤 양념 재료를 넣어 간을 맞추고 송송 썬 대파를 올리면 완성!

셰프의 TIP 한번 끓일 때 많이 만들어 놓고 한 끼 분량씩 냉동실에 소분해 보관할 수 있어요.

/
칼칼하면서도
깔끔한 해장국이
취향이라면
김치콩나물국이 딱입니다.
잘 익은 김치와
콩나물만 있으면
간단하게 끓일 수 있어요.
/

김치콩나물국

 2 persons   15 min    3 day

메인 재료

○ 콩나물_ 200g
○ 익은 김치_ 70g
○ 대파_ 1/4개
○ 물_ 800mL

양념 재료

○ 국간장_ 1T
○ 다진 마늘_ 1t
○ 참치액젓_ 1T
○ 소금_ 조금

1. 콩나물은 상한 대가리와 지저분한 잔뿌리는 제거하고, 김치는 잘게 송송 썰며, 대파는 어슷 썬다.
   Tip 콩나물은 대가리와 잔뿌리에 피로 해소에 좋은 아스파라긴산이 많으니 많이 다듬지 말아 주세요.

2. 냄비에 메인 재료를 모두 넣고 중간 불로 팔팔 끓인다.
   Tip 뚜껑을 덮고 끓이는 도중 뚜껑을 열면 콩나물에 비린내가 나니 처음부터 뚜껑을 열고 계속 끓여주세요.

3. 콩나물 줄기가 투명한 색으로 변하면 약한 불로 줄이고 양념 재료를 넣어 간을 맞추고 불을 끄면 완성!

 맹물로 끓여도 맛있지만, 채수를 사용하면 더 맛있게 끓일 수 있어요.

/
육개장은
절대 어렵지 않아요!
〈도시곳간〉이 조미료 없이도
얼큰한 육개장 끓이는 방법을
공개할게요.
/

육개장

 2 persons    50 min    5 day

메인 재료

○ 소고기(양지)_ 200g
○ 삶은 고사리_ 40g
○ 삶은 토란대_ 30g
○ 숙주나물_ 50g
○ 느타리버섯_ 40g
○ 대파_ 2개
○ 물_ 1,000mL

양념 재료

○ 굵은 고춧가루_ 2T
○ 고운 고춧가루_ 4T
○ 식용유_ 2T
○ 국간장_ 2T
○ 다진 마늘_ 2T
○ 굴 가루_ 2T
○ 표고버섯 가루_ 1T
○ 후춧가루_ 조금

1. 소고기 삶은 고사리 삶은 토란대는 먹기 좋은 크기로 자르고, 느타리버섯은 한 가닥씩 찢어 준비하고, 대파는 어슷하게 썬다.

2. 냄비에 손질한 메인 재료와 후춧가루를 제외한 모든 양념 재료를 넣고 골고루 섞는다.

3. 물을 붓고 중간 불로 20분 이상 팔팔 끓인다.

4. 메인 재료의 풍미가 국물에 충분히 우러나면 숙주나물을 넣고 중간 불로 5분 정도 더 끓인다.

5. 먹기 전에 후춧가루를 뿌리면 끝!

셰프의 Tip 책에서 나온 재료 외에도, 냉장고에 있는 여러 가지 재료를 마음껏 넣어 끓여도 맛있는 게 육개장의 매력입니다.

/
Best of Best 해장국이자
아침 식사랑 잘 어울리는 국이에요.
온종일 힘내야 하는 하루라면
황태뭇국으로
속을 든든히 채워보세요!
/

황태뭇국

2 persons | 20 min | 5 day

메인 재료
- 황태채_ 50g
- 무_ 1/8개(약 100g)
- 청양고추_ 1/2개
- 대파_ 1/3개
- 참기름_ 1T
- 물_ 600mL

양념 재료
- 참치액젓_ 1T

1. 황태채는 먹기 좋은 크기로 잘라 물에 불린 후 흐르는 물에 가볍게 씻어 물기를 꼭 짠다.

2. 무는 얇게 나박 썰고, 대파는 1~2cm 길이로 자르고, 청양고추는 세로로 길게 반으로 잘라 씨를 뺀 후 잘게 송송 썬다.

3. 중간 불로 달군 팬에 참기름과 황태를 넣고 황태가 바삭해질 때까지 볶는다.

4. 물, 무, 대파, 청양고추를 넣고 팔팔 끓인다.

5. 무가 푹 익은 다음 참치액젓으로 간을 맞추면 완성!

   Tip 맛을 보았을 때 간이 부족하다고 느껴진다면 소금으로 간을 맞추어주세요.

셰프의 Tip 황태가 바삭해질 때까지 볶는 이유는 황태의 비린내를 날리기 위해서예요.

/
얼큰하고 시원한
국물이 땡기는 날이 있지요?
그럴 때 끓여주세요.
〈도시곳간〉이 쉽고 맛있게 끓이는
순두부찌개 레시피를
알려드릴게요!
/

순두부찌개

 2 persons 분량  20 min 조리시간  3 day 냉장보관

메인 재료

○ 순두부_ 1팩
　(350~400g)
○ 다진 소고기_ 150g
○ 바지락_ 10개
○ 양파_ 1/2개
○ 대파_ 1/2개
○ 애호박_ 1/3개
○ 홍고추_ 1개
○ 청양고추_ 1개
○ 달걀_ 1개
○ 식용유_ 2T
○ 물_ 450ml

양념 재료

○ 다진 마늘_ 1T
○ 고춧가루_ 3T
○ 설탕_ 1T
○ 국간장_ 2T
○ 참기름_ 1T
○ 굴 소스_ 1T
○ 새우젓_ 1T

1. 순두부는 체에 받쳐 물기를 뺀다.

2. 바지락은 해감한 후 차가운 물에 바락바락 씻고, 양파는 가늘게 채 썰고, 애호박은 반달 모양으로 편 썰고, 대파 홍고추 청양고추는 어슷 썰고, 달걀은 노른자를 분리해 준비한다.

3. 중간 불로 달군 팬에 식용유를 두르고 다진 소고기를 넣어 볶는다.

4. 소고기가 반쯤 익으면 다진 마늘과 고춧가루를 넣고 함께 볶아 고추기름을 낸 후 물을 붓고 끓인다.

5. 물이 끓으면 손질한 채소들과 바지락을 넣고 바지락이 벌어질 때까지 팔팔 끓인다.

6. 바지락이 벌어지면 불을 줄이고 설탕, 국간장, 참기름, 굴 소스, 새우젓을 넣어 간을 맞춘 다음 순두부를 넣어 먹기 좋게 뭉텅뭉텅 자른다.

7. 불을 끄고 분리한 달걀노른자를 올리면 완성!

 해산물, 특히 조개는 꼭 한 번 더 해감한 후 깨끗하게 씻어 사용해주세요.

/
비린내 싹 잡은
〈도시곳간〉만의
깔끔하고 시원한
알탕 레시피를 소개합니다!
술상과 잘 어울리는
요리에요.
/

알탕

2 persons | 40 min | 3 day

메인 재료
- 생선알_ 200g
- 곤이_ 200g
- 무_ 1/4개(약 200g)
- 대파_ 1/2개
- 청양고추_ 2개
- 채수_ 800mL

양념 재료
- 고춧가루_ 2T
- 참치액젓_ 2T
- 다진 마늘_ 1T
- 미림_ 2T
- 새우젓_ 1T
- 양조간장_ 1T
- 표고버섯 가루_ 2T
- 후춧가루_ 약간

1. 생선알과 곤이는 차가운 물에 담가 해동한 후 소금물로 살짝 씻은 다음 체에 받쳐 물기를 뺀다.
   Tip 깔끔한 맛을 원한다면 뜨거운 물에 살짝 데쳐 준비해주세요.

2. 무는 나박 썰고, 대파는 어슷 썰며, 청양고추는 씨째 동그랗게 편 썬다.

3. 새우젓과 후춧가루를 제외한 모든 양념 재료를 섞어 양념장을 만든다.

4. 냄비에 생선알과 곤이를 제외한 모든 메인 재료와 양념장을 넣고 중간 불에서 팔팔 끓인다.

5. 무가 투명해지면 생선알과 곤이를 넣는다.

6. 생선알과 곤이가 익으면 새우젓과 후춧가루로 간을 맞추고 불을 끄면 완성!

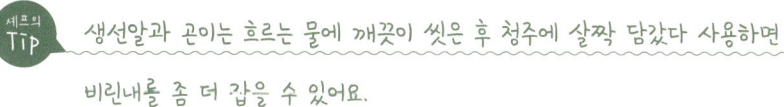
세로의 Tip 생선알과 곤이는 흐르는 물에 깨끗이 씻은 후 청주에 살짝 담갔다 사용하면 비린내를 좀 더 잡을 수 있어요.

미역국을 생일 때만 드세요?
따로 맛국물을 쓰지 않아도
소고기에서 깊은 맛이 우러나니
평소에도 쉽게 끓일 수 있어요.

소고기미역국

 2 persons    30 min    3 day

메인 재료
○ 건 미역_ 16g
○ 소고기(국거리)_ 60g
○ 참기름_ 1t
○ 물_ 800mL

양념 재료
○ 참치액젓_ 1T
○ 국간장_ 2T
○ 표고버섯 가루_ 1T
○ 다진 마늘_ 1/2t

1. 건 미역은 찬물에 담가 불린 다음 흐르는 물에 깨끗하게 씻어 물기를 꼭 짜고 먹기 좋은 길이로 자른다.

2. 소고기는 먹기 좋게 한입 크기로 자른다.

3. 중간 불로 달군 팬에 참기름을 두르고 소고기를 넣어 볶는다.

4. 소고기가 반쯤 익으면 미역을 넣고 좀 더 볶다 물을 붓고 팔팔 끓인다.

5. 소고기와 미역의 풍미가 우러나게 충분히 끓이면 약한 불로 줄이고 다진 마늘, 참치액젓, 국간장, 표고버섯 가루를 넣어 간을 맞추면 완성!

 Tip 소고기는 사태, 양지, 우둔 등 기름기가 적은 부위를 사용하면 좋아요.

/
차돌박이의 기름이
맛을 한층 더 업그레이드하는
된장찌개 레시피입니다.
다른 반찬 없이
이 된장찌개 하나면
충분할걸요?
/

차돌박이된장찌개

 2 persons  25 min  4 day

메인 재료
○ 차돌박이_ 80g
○ 무_ 1/8개(약 100g)
○ 감자_ 1개
○ 애호박_ 1/4개
○ 대파_ 1/2개
○ 양파_ 1/3개
○ 두부_ 1/3모(약 100g)
○ 표고버섯_ 3개
○ 물_ 600mL

양념 재료
○ 된장_ 2T
○ 쌈장_ 1T
○ 고춧가루_ 1T
○ 다진 마늘_ 1T
○ 굴 가루_ 1T
○ 미림_ 1T

1. 무는 나박 썰고, 감자 양파 두부는 한입 크기로 깍둑 썰고, 대파는 어슷 썰고, 표고버섯은 갓만 편 썰고, 애호박은 반달 모양으로 편 썰어 준비한다.

2. 냄비에 차돌박이를 제외한 모든 메인 재료와 미림을 제외한 모든 양념 재료를 넣고 중간 불로 팔팔 끓인다.

3. 무가 투명하게 익으면 차돌박이를 넣고 좀 더 끓인다.

4. 차돌박이가 익으면 약한 불로 줄이고 미림을 넣어 3분 정도 더 끓이면 완성!

 된장은 집된장과 시판 된장을 섞어 조리하면 더 맛있습니다. 비율은 1대 1에서 맛을 보며 입맛에 맞게 조절해보세요.

/
칼칼한 된장찌개도 맛있지만,
후루룩 마시는 순한 된장국이 먹고 싶은 날
잘 어울리는 국입니다.
바쁠 때 휘리릭 만들기 좋아요.
/

우거지된장국

 2 persons  25 min 5 day

메인 재료
○ 삶은 우거지_ 200g
○ 대파_ 1/4개
○ 멸치 육수_ 500ml

양념 재료
○ 된장_ 1과 1/2T
○ 다진 마늘_ 1t
○ 굴 가루_ 1T
○ 소금_ 조금

1. 삶은 우거지는 물기를 꼭 짠 후 먹기 좋은 크기로 자르고, 대파는 어슷 썬다.
   Tip 냉동 우거지를 사용한다면 찬물에 담가 천천히 해동한 후 사용해주세요.

2. 볼에 우거지, 된장, 다진 마늘, 굴 가루를 넣고 양념이 잘 배게 조물조물 무친다.

3. 냄비에 양념한 우거지와 멸치 육수를 넣고 중간 불에서 팔팔 끓인다.

4. 우거지의 풍미가 충분히 우러나면 불을 약하게 줄이고 어슷 썬 대파를 넣어 좀 더 끓이면 완성!
   Tip 이때 간을 보고 부족하다면 소금을 넣어 맞추어주세요.

 양념한 우거지는 한번 끓일 양만큼 소분해 냉동 보관이 가능해요. 필요할 때 꺼내 물만 부어 맛있게 끓여보세요.

/
평소 먹던 미역국보다
구수하고 진한 국물을 먹고 싶을 때
한번 만들어보세요.
고기 육수와는
다른 매력이 있답니다.
/

들깨미역국

메인 재료

○ 건 미역_ 16g
○ 표고버섯_ 3개
○ 참기름_ 1t
○ 물_ 800mL

양념 재료

○ 다진 마늘_ 1/2t
○ 참치액젓_ 1T
○ 국간장_ 2T
○ 들깻가루_ 3T

1. 건 미역은 찬물에 담가 불린 다음 흐르는 물에 깨끗하게 씻어 물기를 꼭 짜고 먹기 좋은 길이로 자른다.

2. 표고버섯은 기둥을 떼고 갓만 얇게 편 썬다.

3. 중간 불로 달군 팬에 참기름, 표고버섯, 미역을 넣고 볶다 물을 붓고 끓인다.

4. 국이 팔팔 끓으면 다진 마늘, 참치액젓, 국간장을 넣고 충분히 끓인다.
   Tip 충분히 끓이지 않으면 비린내가 납니다.

5. 불을 끄고 들깻가루를 넣어 잘 섞으면 완성!

 들깻가루는 국을 다 끓인 후 불을 끄고 마지막에 추가해주세요.

PART
VI

일품요리

/
가지를 싫어하신다고요?
아직 어향가지를
드셔보지 못해서 그렇습니다.
그냥 먹어도 맛있지만
좀 더 든든하게 먹고 싶다면
덮밥으로 드셔보세요!
/

어향가지

 2 persons    20 min    3 day

메인 재료
- 가지_ 2개
- 간 돼지고기_ 150g
- 대파_ 1/4개
- 양파_ 1/4개
- 청·홍고추_ 각각 1개
- 튀김물_ 50g
  (튀김가루 25g+물 25g)
- 식용유_ 100g
- 소금, 후춧가루_ 약간

양념 재료
- 다진 마늘_ 1T
- 식초_ 2T
- 조청_ 2T
- 설탕_ 2T
- 굴 소스_ 1T
- 참기름_ 1T
- 양조간장_ 1T
- 미림_ 1T
- 두반장_ 2T
- 물_ 100g
- 고추기름_ 2T
- 전분물_ 3T

1. 대파와 양파는 잘게 썰고 청·홍고추는 세로로 길게 반으로 잘라 씨를 뺀 후 잘게 썬다.

2. 전분물과 고추기름을 제외한 모든 양념 재료를 섞어 양념장을 만든다.

3. 가지는 흐르는 물에 씻어 키친타올로 물기를 닦은 후 큼직하게 썰어 튀김물에 담가 튀김옷을 입힌다.

4. 중간 불로 달군 팬에 식용유를 자작하게 붓고 가지를 튀기듯 구운 후 키친타월에 올려 기름을 뺀다.

5. 기름을 비우고 중간 불로 다시 팬을 달군 후 고추기름을 넣고 간 돼지고기, 대파, 양파, 청·홍고추를 넣어 볶는다.

6. 양파가 투명해지면 양념장을 붓고 돼지고기가 익을 때까지 팔팔 끓이다 전분물(물:전분=1:1)을 넣는다.

7. 양념 소스가 걸쭉해지면 불을 끄고 튀긴 가지 위에 소스를 뿌리면 완성!

 Tip 토치가 있다면 먹기 전에 불 향을 더해보세요. 맛있는 요리가 더 맛있어집니다.

/
나를 위한 건강한 주말 특식,
보쌈만 한 게 없습니다.
술안주라면 부추겉절이를,
밥과 함께라면
무말랭이를 곁들여보세요.
/

보쌈

2 persons | 50 min | 2 day

메인 재료
○ 통삼겹살_ 400g
○ 양파_ 1개
○ 부추_ 80g
○ 된장_ 2T
○ 대파_ 1개
○ 통후추_ 1T
○ 생강청_ 1T
　(or 다진 생강 1T)

양념 재료
○ 참기름_ 1T
○ 참치액젓_ 1T
○ 식초_ 1T
○ 양조간장_ 1T
○ 설탕_ 1T
○ 고춧가루_ 1T

1. 냄비에 통삼겹살, 양파, 된장, 대파, 통후추, 생강청을 넣고 통삼겹살이 익을 때까지 강한 불에서 40분 이상 팔팔 끓인다.
   Tip 젓가락으로 돼지고기를 찔렀을 때 쑥 들어가면 속까지 잘 익은 것이에요.

2. 부추는 흐르는 물에 가볍게 씻은 후 키친타월로 지그시 눌러 물기를 제거한다.

3. 씻은 부추는 5cm 길이로 자른 후 참기름, 참치액젓, 식초, 양조간장, 설탕, 고춧가루와 함께 볼에 담아 양념이 잘 배게 버무린다.

4. 삶은 돼지고기는 한 김 식힌 후 먹기 좋은 크기로 자른다.

5. 접시에 돼지고기와 부추겉절이를 담아내면 완성!
   Tip p.49의 무말랭이무침이 있다면 함께 곁들여 먹어도 좋아요.

셰프의 Tip 돼지고기의 잡내를 없애기 위해 삶을 때 통후추와 생강청은 꼭 함께 넣어주세요. 청주가 있다면 함께 넣어도 좋아요.

/
'어제의 카레'가
가장 맛있는 거 아시죠?
내일의 나를 위해
오늘, 쉽고 간단하게
내 입맛에 딱 맞는
건강한 카레를 만들어보세요.
/

카레

 2 persons 분량  30 min 조리시간  5 day 냉장보관

메인 재료

○ 카레 가루_ 50g
○ 소고기_ 150g
○ 감자_ 2개
○ 양파_ 1개
○ 당근_ 1/2개
○ 식용유_ 4T
○ 물_ 500g

양념 재료

○ 소금_ 1T
○ 참치액젓_ 1/2T

1. 소고기, 감자, 양파, 당근은 비슷한 한입 크기로 썬다.

2. 중간 불로 달군 팬에 식용유를 두르고 당근 → 감자 → 양파 → 소고기 순서로 넣으며 볶는다.

3. 소고기가 어느 정도 익으면 물을 붓고 카레 가루를 넣어 섞은 후 카레 국물이 자작해질 때까지 끓인다.

4. 소금과 참치액젓을 넣어 간을 맞추면 완성!

셰프의 Tip 카레를 끓일 때 치킨스톡이나 참치액젓을 꼭 넣어주세요. 내일까지 기다리기 힘든 감칠맛이 더해질 거예요.

/
좌르르 흐르는 윤기,
달콤매콤짭잘한 감칠맛,
정갈하고 담백한 맛의 살,
쫀득쫀득한 식감,
네 맞습니다.
바로 코다리조림이에요!
/

코다리조림

 2 persons 분량  40 min 조리시간  3 day 냉장보관

메인 재료
- 냉동 코다리_ 1마리 (약 300g)
- 청양고추_ 1개
- 대파_ 1/4개
- 물_ 150mL

양념 재료
- 식용유_ 3T
- 양조간장_ 3T
- 미림_ 2T
- 조청_ 7T
- 고춧가루_ 4T
- 다진 마늘_ 1T
- 설탕_ 1T
- 통깨_ 1t
- 후춧가루_ 조금

1. 냉동 코다리는 물에 담가 해동한 후 모든 지느러미를 자르고 먹기 좋은 크기로 토막 낸 다음 흐르는 물에 속까지 깨끗하게 씻어 준비한다.

2. 대파, 청양고추는 둥글게 송송 채 썬다.

3. 통깨를 제외한 모든 양념 재료를 섞어 양념장을 만든다.
   Tip 이때 조청은 4T만 사용해주세요.

4. 냄비에 코다리와 양념장을 넣고 물을 부어 중간 불에서 10~15분 정도 끓인다.

5. 국물이 자작하게 줄어들면 나머지 조청 3T을 넣고 잘 섞은 후 5~7분 정도 더 끓인다.

6. 국물이 좀 더 줄어들면 불을 끄고 대파, 청양고추, 통깨를 뿌려 잘 섞으면 완성!
   Tip 이때 숟가락을 사용해 섞으면 뒤적이면 코다리가 부서질 수 있으니 냄비를 살살 흔들어 섞어주세요.

 셰프의 Tip 익고 있는 코다리는 부서지기 쉬우니 자주 뒤적거리지 말아 주세요.

/
소갈비와 비교했을 때
비등한 맛을 내면서도
가성비는 훨씬 좋은 요리에요.
〈도시곳간〉 레시피로는
국물까지 맛있으니
꼭 밥까지 비벼 드세요!
/

돼지갈비찜

 2 persons    60 min    3 day

메인 재료

○ 돼지갈비_ 600g
○ 무_ 1/4개(약 200g)
○ 당근_ 1/2개
○ 단호박_ 1/4개
○ 건 대추_ 6개
○ 건 고추_ 2개
○ 물_ 1000mL

양념 재료

○ 진간장_ 200mL
○ 불고기 소스(시판)_ 100mL
○ 미림_ 100mL
○ 조청_ 100mL
○ 설탕_ 50g
○ 짜장 가루_ 50g
○ 다진 마늘_ 2T
○ 통깨_ 1t

1. 돼지갈비는 찬물에 담가 물을 1~2번 바꿔가며 핏물을 뺀다.

2. 핏물을 뺀 돼지갈비는 끓는 물에 10분 정도 삶은 후 흐르는 물에 씻어 잡내와 불순물을 제거한다.

3. 무 당근 단호박은 큼직하게 썰고, 건 고추는 어슷 썰고, 통깨를 제외한 모든 양념 재료를 섞어 양념장을 만든다.

4. 깊은 냄비에 돼지갈비, 양념장, 물을 넣고 30분 정도 팔팔 끓이다 무를 넣는다.

5. 10분 정도 더 끓여 무가 익으면 당근, 단호박, 건 대추를 넣고 5분 정도 더 끓인다.

6. 국물이 자작하게 줄어들면 불을 끄고 건 고추와 통깨를 뿌리면 완성!

 요리의 완성도는 돼지갈비의 잡내를 잡는 것으로 결정되니, 요리 전에 충분히 돼지갈비의 핏물을 빼주세요.

/
아이들과 함께
먹을 수 있는
일품요리를 찾으세요?
그럼 짜장 가루를 넣어
맵지 않고 달짝지근한
감칠맛이 좋은
〈도시곳간〉 찜닭 요리를
추천합니다!
/

찜닭

 2 persons    40 min    3 day

메인 재료
- 닭_ 1마리(9~10호 크기)
- 감자_ 1개
- 당근_ 1/3개
- 양파_ 1/2개
- 대파_ 1/2개
- 건 고추_ 2개
- 표고버섯_ 2개
- 당면_ 50g
- 물_ 600mL

양념 재료
- 설탕_ 3T
- 짜장 가루_ 1T
- 다진 마늘_ 1T
- 양조간장_ 6T
- 미림_ 2T
- 조청_ 1T
- 노두유_ 1T
- 참기름_ 1T

1. 닭은 먹기 좋게 토막 내고 껍질을 적당량 벗긴다.
   Tip 손질이 어렵다면 닭볶음탕용으로 손질된 닭을 준비해주세요.

2. 팔팔 끓는 물에 손질한 닭을 넣고 5분 정도 데친 후 흐르는 물에 깨끗하게 씻어 잡내와 불순물을 제거한다.

3. 당면은 뜨거운 물에 넣어 불리고, 감자 당근 양파는 큼직하게 썰고, 표고버섯은 기둥은 떼고 갓만 4등분으로 썰고, 건 고추와 대파는 어슷 썰고, 모든 양념 재료는 섞어 양념장을 만든다.

4. 냄비에 닭, 양념장, 물을 넣고 뚜껑을 닫은 후 강한 불에서 팔팔 끓인다.
   Tip 물은 닭이 잠길 정도로 넉넉하게 부어주세요.

5. 20분 정도 끓인 후 중간 불로 줄이고 뚜껑을 연 다음 감자를 넣고 10분 정도 끓이다 당근과 당면을 넣는다.

6. 어느 정도 국물이 자작해지면 양파를 넣고 10분 정도 더 끓인 후 불을 끄고 대파와 건 고추, 표고버섯을 넣어 잔열로 익히며 섞으면 완성!

셰프의 Tip 당면을 추가해도 좋지만 쫀득하게 수제비를 반죽해 넣어보세요. 특별한 별미가 될 거예요.

/
〈도시곳간〉 꼬마 손님들이
가장 좋아하는 부동의 1위 메뉴입니다.
접시에 예쁘게 담아 우리 아이들에게
멋진 식사를 대접해볼까요?
/

함박스테이크

 1 persons    25 min    2 day

메인 재료
- 간 소고기_ 60g
- 간 돼지고기_ 60g
- 빵가루_ 20g
- 그린빈_ 6개
- 방울토마토_ 2알
- 미니 당근_ 20g
- 양파_ 1/4개
- 달걀_ 1개
- 슬라이스 치즈_ 1장
- 식용유_ 1T
- 베이비채소_ 조금

양념 재료
- 소금_ 1t
- 데미글라스 소스_ 1T
- 후춧가루_ 조금

1. 볼에 간 소고기, 간 돼지고기, 빵가루, 소금, 후춧가루를 넣고 고기에 찰기가 생길 때까지 잘 치댄다.

2. 치댄 고기는 먹기 좋은 크기로 둥글납작하게 만든다.

3. 양파는 가늘게 채 썰고, 방울토마토는 반으로 썰고, 달걀은 써니사이드업으로 익힌다.

4. 중간 불로 달군 팬에 식용유를 두르고 반죽한 고기를 올려 앞뒤로 뒤집으며 굽는다.

5. 고기가 반 정도 익으면 그린빈, 방울토마토, 미니 당근, 양파를 올려 함께 굽는다.

6. 접시에 고기를 담고 고기 위에 슬라이스 치즈 → 달걀 순으로 올린다.

7. 구운 가니쉬 채소와 취향의 베이비채소를 곁들이면 완성!

 아이들 입맛에는 '돈가스 소스'와 '스테이크 소스'가 가장 잘 어울립니다.

/
"우리 집 잡채는…"이라는
이야기를 할 만큼
잡채 레시피는 무궁무진한데요.
〈도시곳간〉에서는
남녀노소 모두 좋아하는
잡채 레시피를 전격 공개합니다!
/

잡채

 2 persons |  35 min 조리시간 |  2 day 냉장보관

메인 재료

○ 당면_ 150g
○ 양파_ 1/2개
○ 당근_ 1/3개
○ 목이버섯_ 30g
○ 돼지고기(잡채용)_ 50g
○ 부추_ 30g
○ 식용유_ 1t

양념 재료

○ 양조간장_ 2T
○ 조청_ 2T
○ 참기름_ 2T
○ 후춧가루_ 조금

1. 뜨거운 물에 당면을 넣어 충분히 불린다.
   Tip 끓는 물에 당면을 넣어 6~7분 정도 삶아도 좋아요.

2. 양파와 당근은 같은 굵기로 채를 썰고, 목이버섯은 한입 크기로 자르고, 부추는 3~4cm 길이로 자른다.

3. 후춧가루를 제외한 양념 재료를 모두 섞어 양념장을 만든다.

4. 중간 불로 달군 팬에 식용유를 두르고 돼지고기를 먼저 넣어 볶는다.

5. 고기가 반쯤 익으면 부추를 제외한 나머지 채소를 넣고 함께 볶는다.

6. 채소의 숨이 죽으면 약한 불로 줄이고 불린 당면과 부추, 양념장을 넣고 볶는다.

7. 양념이 잘 배게 볶아지면 후춧가루를 뿌려 매콤한 풍미를 더하면 완성!

 셰프의 Tip 당면을 삶을 때 캐러멜이나 노두유를 조금 넣어 당면에 간을 더해도 맛있어요.

한 그릇 덮밥으로도 좋고,
아이들 간식으로도 훌륭한 메뉴입니다.
물론 시원한 맥주와도 잘 어울리지요.

치킨윙간장조림

 2 persons  20 min  3 day

메인 재료
○ 닭날개_ 10조각
○ 튀김가루_ 100mL
○ 식용유_ 2T

양념 재료
○ 설탕_ 2T
○ 양조간장_ 2T
○ 물_ 100mL
○ 조청_ 2T
○ 소금, 후춧가루_ 조금

1. 닭날개는 키친타월로 꾹꾹 눌러 물기를 제거한 후 양념이 잘 배게 살에 칼집을 넣는다.

2. 닭날개의 앞뒤로 튀김가루를 골고루 바른다.

3. 중간 불로 달군 팬에 식용유를 두르고 튀김옷을 입은 닭날개를 올려 앞뒤로 노릇하게 튀기듯 굽는다.
   Tip 바삭한 튀김을 원한다면 180도로 달군 식용유에 2번 튀겨주세요.

4. 구운 닭날개는 키친타월에 올려 기름을 뺀다.

5. 키친타월로 팬을 닦고 다시 중간 불로 달군 후 모든 양념 재료를 넣어 한소끔 끓인다.

6. 끓는 양념장에 구운 닭날개를 넣고 양념이 잘 배게 앞뒤로 뒤집으며 조리면 완성!

 간장 양념에 조리기 전에 닭날개를 초벌구이하면 껍질이 단단해져 양념이 더 잘 배요.

/
고기가 없으면
식사를 한 게 아니라고 말하는
육식가들을 위한
미트볼카레입니다.
스테이크나 돈가스를 올려도
잘 어울려요.
/

미트볼카레

 2 persons 분량  25 min 조리시간  3 day 냉장보관

메인 재료
○ 카레 가루_ 50g
○ 간 돼지고기_ 100g
○ 소고기_ 50g
○ 감자_ 1개
○ 양파_ 1개
○ 당근_ 1/2개
○ 물_ 500mL
○ 식용유_ 4T

양념 재료
○ 참치액젓_ 1T
○ 소금, 후춧가루_ 약간

1. 소고기, 감자, 양파, 당근은 비슷한 한입 크기로 썰고 카레 가루는 물에 곱게 푼다.

2. 볼에 간 돼지고기, 소금, 후춧가루를 넣고 찰기가 생길 때까지 치댄다.

3. 치댄 돼지고기를 조금 덜어 손으로 동글동글 굴리며 미트볼을 만든다.

4. 중간 불로 달군 냄비에 식용유를 두르고 미트볼을 구운 후 따로 덜어둔다.
   Tip 모양이 흐트러지지 않게 미트볼의 겉을 바짝 구워주세요.

5. 다시 냄비를 중간 불로 달궈 당근 → 감자 → 양파 → 소고기 순서로 넣으며 볶는다.

6. 덜어둔 미트볼을 넣고 카레 가루 푼 물을 부어 국물이 자작해질 때까지 끓인다.

7. 소금과 참치액젓을 넣어 간을 맞추면 완성!

 셰프의 Tip 끓일 때 카레 가루가 뭉치지 않도록 미리 물에 잘 풀어 준비해주세요.

/
푸짐하게 먹고 싶은데
소불고기로 먹기에는
양이 부족하거나,
고기보다 익힌 채소를
듬뿍 먹고 싶은 날에
만들면 좋은 메뉴에요.
/

소불고기전골

 2 persons 분량
 30 min 조리시간
 3 day 냉장보관

메인 재료
○ 소고기(불고기감)_ 400g
○ 표고버섯_ 3개
○ 느타리버섯_ 2개
○ 목이버섯_ 30g
○ 알배추_ 1/3개
○ 대파_ 1개
○ 아스파라거스_ 4개
○ 채수(or 멸치육수)_ 800mL

양념 재료
○ 양조간장_ 3T
○ 미림_ 2T
○ 설탕_ 1T
○ 다진 대파_ 1T
○ 참기름_ 1T
○ 참치액젓_ 1T
○ 국간장_ 1l
○ 소금, 후춧가루_ 조금

1. 소고기는 키친타월로 지그시 눌러 핏물을 제거한 후 양조간장, 미림, 설탕, 다진 대파, 참기름을 넣어 밑간한다.

2. 표고버섯은 기둥을 떼고 갓만 편 썰고, 느타리버섯은 밑동을 자르고 먹기 좋게 2~3가닥으로 찢고, 목이버섯과 알배추는 한입 크기로 자르고, 아스파라거스는 반으로 자르고, 대파는 어슷 썬다.

3. 냄비에 채수를 제외한 모든 메인 재료를 보기 좋게 담는다.

4. 채수를 붓고 중간 불에서 끓인다.
    Tip 채소에서 즙이 나와 국물이 많아지니 채수는 한 번에 다 붓지 말고 끓이면서 조금씩 보충해주세요.

5. 메인 재료들이 익으면 참치액젓, 국간장으로 간을 맞추고 후춧가루를 뿌려 매콤한 풍미를 높이면 완성!
    Tip 맛을 보고 모자란 간은 소금으로 맞추어야 담백한 소불고기 전골을 즐길 수 있어요.

 셰프의 Tip 국물을 넉넉하게 만들어 우동 사리도 넣어 드셔보세요. 마무리는 죽인 거, 아시죠?

/
갑자기
손님이 방문하셨나요?
당황하지 마시고
이 요리를 만들어보세요.
손쉽게 만들어
폼나게 대접하기 좋은
메뉴랍니다.
/

단호박오리찜

2 persons | 60 min | 2 day

메인 재료
○ 미니 단호박_ 1통
○ 훈제 오리_ 80g
○ 찹쌀_ 120mL
○ 흑미_ 2T

양념 재료
○ 소금_ 1t
○ 설탕_ 1t

1. 찹쌀과 흑미를 섞어 '잡곡 모드'로 밥을 한다.

2. 미니 단호박은 차가운 물에 깨끗하게 씻은 후 윗부분을 뚜껑처럼 잘라내고 속을 깨끗하게 파낸 다음 설탕, 소금을 뿌려 간을 한다.

3. 훈제오리는 기름 없이 중간 불로 달군 팬에 넣어 노릇하게 볶는다.

4. 속을 파낸 미니 단호박에 흑미찹쌀밥 → 볶은 훈제오리 순서로 차곡차곡 넣어 속을 채운다.

5. 속을 채운 미니 단호박을 끓는 물에 올린 찜기에 넣고 중간 불에서 15~20분 정도 익힌다.

6. 미니 단호박이 다 익으면 완성!
   Tip 젓가락으로 미니 단호박을 찔렀을 때 쑥 잘 들어가면 다 익은 것이에요.

셰프의 Tip 조리 시간이 부족하다면 전자레인지에 넣고 돌려 미니 단호박을 익힌 후 밥과 볶은 훈제 오리를 차곡차곡 채워 내도 좋아요.

/
남녀노소
불호가 드문 메뉴죠?
〈도시곳간〉이 텁텁하지 않고
윤기가 좌르르르 흐르게
만들 수 있는 비법을
알려드릴게요.
/

제육볶음

 2 persons  20 min  3 day

메인 재료

○ 돼지고기(앞다릿살)_ 300g
○ 양파_ 1/2개
○ 당근_ 1/4개
○ 대파_ 1개

양념 재료

○ 양조간장_ 3T
○ 설탕_ 3T
○ 미림_ 2T
○ 고추장_ 2T
○ 굵은 고춧가루_ 2T
○ 고운 고춧가루_ 2T
○ 조청_ 3T
○ 다진 마늘_ 1T
○ 후춧가루_ 조금

1. 돼지고기는 키친타월로 꾹꾹 눌러 핏물을 제거한다.

2. 양파, 당근은 가늘게 채 썰고 대파는 5cm 길이로 잘라 준비한다.

3. 볼에 돼지고기, 양파, 당근, 대파, 모든 양념 재료를 넣고 잘 섞어 냉장고에서 30분 정도 재운다.
   Tip 채소의 아삭한 식감을 살리고 싶다면 돼지고기만 양념에 재워주세요.

4. 중간 불로 달군 팬에 재운 돼지고기와 채소를 넣고 타지 않게 잘 볶으면 완성!
   Tip 양념한 돼지고기가 80% 정도 익었을 때 채소를 넣고 강한 불에서 빠르게 볶으면 부들부들한 돼지고기와 아삭한 채소의 식감을 함께 느낄 수 있어요.

 셰프의 Tip 양념한 돼지고기를 볶다 거의 다 익으면 물을 1~2T 정도 넣어주세요. 수분이 더해지면 고기를 좀 더 부드럽게 익힐 수 있어요.

/
양념을 다 만드셨다고요?
그럼 5분이면 요리 끝!
부드러운 식감과 감칠맛으로
자꾸만 손이 가는
소불고기 요리에
도전해보세요.
/

소불고기볶음

 2 persons    20 min    3 day

메인 재료
- 소고기(불고기감)_ 300g
- 양파_ 1/2개
- 당근_ 1/6개
- 양배추_ 1/8개

양념 재료
- 불고기 소스(시판)_ 200mL
- 미림_ 1/2컵
- 설탕_ 1/4컵
- 조청_ 1/4컵
- 다진 마늘_ 1T
- 통깨_ 1t

1. 소고기는 키친타월로 지그시 눌러 핏물을 제거한다.
2. 양파, 당근, 양배추는 비슷한 두께로 얇게 채 썬다.
3. 볼에 소고기와 양념 재료를 모두 넣고 섞은 후 냉장고에서 30분 ~ 1시간 정도 재운다.
4. 중간 불로 달군 팬에 양념한 소고기를 넣고 볶는다.
5. 소고기가 반쯤 익으면 손질한 채소를 넣고 모든 재료가 익을 때까지 잘 볶으면 완성!

 Tip 자작하게 국물이 있는 걸 좋아하신다면 양념한 소고기를 볶을 때 물을 100mL 정도 함께 부어 볶아주세요.

/
제가 가장 좋아하는
요리 중 하나에요!
매콤달콤새콤한데
감칠맛까지 폭발해서
자꾸 과식하게 하는
메뉴입니다.
/

돼지고기김치찜

 2 persons  45 min  5 day

메인 재료
- 묵은지_ 1/3포기
- 돼지고기(목살)_ 300g
- 양파_ 1/2개
- 대파_ 1개
- 채수_ 700mL

양념 재료
- 굵은 고춧가루_ 2T
- 고운 고춧가루_ 1T
- 다진 마늘_ 1T
- 설탕_ 2T
- 국간장_ 1T
- 참치액젓_ 1T
- 미림_ 2T

1. 묵은지는 먹기 좋은 크기로 썰고, 돼지고기는 양념이 잘 배게 칼에 칼집을 넣는다.

2. 양파는 굵게 채 썰고 대파는 5cm 길이로 큼직하게 썬다.

3. 냄비에 돼지고기 → 묵은지 → 양파 → 대파 순서로 올리고 채수를 붓는다.

4. 모든 양념 재료를 넣고 강한 불에서 40~50분 이상 팔팔 끓인다.

5. 국물이 자작하게 줄아들고 돼지고기가 속까지 잘 익으면 완성!
   Tip 젓가락으로 돼지고기를 찔렀을 때 쑥 들어가면 잘 익은 거예요.

 통삼겹김치찜과 달리 이 요리에서는 돼지고기 사태 등 기름기가 적은 부위로 요리하시길 추천해요.

/
오늘 우리 집을
고급 레스토랑으로
만들어볼까요?
손님 접대에도 좋고,
나를 대접하기에도 좋은
메뉴에요.
/

연어스테이크

 1 persons　 30 min 조리시간　 1 day 냉장보관

메인 재료
- 생연어_ 150g
- 그린빈_ 40g
- 미니 당근_ 20g
- 양파_ 1/4개
- 식용유_ 조금
- 베이비채소(가니쉬)_ 조금

양념 재료
- 소금_ 1t
- 후춧가루_ 조금

1. 연어는 간이 잘 배게 살 쪽에 칼집을 넣은 후 소금, 후춧가루로 밑간한다.

2. 양파는 얇게 채를 썬다.

3. 중간 불로 달군 팬에 식용유를 살짝 두르고 양파와 연어를 올려 굽는다.
   Tip　연어는 껍질이 있는 등 쪽부터 놓아야 촉촉한 연어 스테이크를 만들 수 있어요.

4. 양파가 반쯤 익으면 약한 불로 줄인 다음 연어를 반대로 뒤집고 그린빈과 미니 당근을 올려 함께 굽는다.

5. 연어와 채소가 다 익으면 접시에 담고 가니쉬용 베이비채소를 곁들이면 완성!
   Tip　구운 연어의 뻑뻑한 식감이 싫다면 연어와 채소는 각각 다른 팬에 따로 구워 담아주세요.

셰프의 Tip 　연어는 구우면 잘 부서지는 생선이니 굽기 전에 소금을 조금 뿌려 절여주세요. 삼투압 현상으로 살이 단단해진답니다.

/
관광지에서
먹는 음식같이
느껴지는 닭갈비,
이제 집에서도
충분히 쉽게
만들어 드실 수 있어요.
/

닭갈비

 2 persons　 25 min　 3 day

메인 재료
○ 닭다리살(정육)_ 500g
○ 고구마_ 1개
○ 당근_ 1/3개
○ 양배추_ 1/4개
○ 깻잎_ 10장
○ 대파_ 1개

양념 재료
○ 양조간장_ 3T
○ 미림_ 4T
○ 조청_ 4T
○ 고추장_ 1T
○ 굵은 고춧가루_ 3T
○ 고운 고춧가루_ 3T
○ 설탕_ 4T
○ 카레 가루_ 1T
○ 다진 마늘_ 2T
○ 표고버섯 가루_ 1T
○ 생강청(or 다진 생강)_ 1T
○ 후춧가루_ 조금

1. 닭다리살(정육)은 먹기 좋게 한입 크기로 자른다.

2. 고구마와 당근은 껍질을 벗겨 얇게 나박 썰고, 대파는 5cm 길이로 썰고, 양배추는 한입 크기로 자르고, 깻잎은 채를 썰어 준비한다.

3. 볼에 손질한 닭다리살과 모든 양념 재료를 넣고 잘 섞어 양념이 배게 냉장고에서 30분 정도 숙성한다.

4. 중간 불로 달군 팬에 양념한 닭다리살을 올리고 80% 익을 때까지 볶는다.

5. 손질한 채소를 모두 넣고 강한 불로 올려 닭고기가 완전히 익을 때까지 골고루 섞듯이 잘 볶으면 완성!

   Tip 채소가 너무 익으면 채소에서 물이 나와 맛이 싱거워지니 채소를 넣은 후에는 강한 불로 재빨리 볶아주세요.

 닭은 생각보다 천천히 익어요. 그러니 여유를 두고 중간 불로 충분히 익혀주세요.

/
보들보들한 식감에
달콤한 맛의 달걀말이라니,
기대되지 않으세요?
잔뜩 만들어 냉동실에 보관했다
자연 해동해 먹으면
더 맛있어요!
/

달걀말이

 2 persons분량  25 min 조리시간  2 day 냉장보관

메인 재료
○ 달걀_ 5개
○ 식용유_ 1T

양념 재료
○ 미림_ 70mL
○ 소금_ 1t
○ 설탕_ 2T

1. 볼에 달걀과 양념 재료를 넣어 거품기로 잘 섞는다.

2. 중간 불로 달군 팬에 식용유를 골고루 바르고 달걀물을 부어 얇게 편다.

3. 달걀물이 어느 정도 익으면 약한 불로 줄이고 젓가락으로 한쪽을 접으며 돌돌 만다.

4. 말은 달걀을 한쪽으로 밀고 빈 곳에 다시 달걀물을 붓는다.

5. 3과 4의 과정을 반복하며 두툼한 달걀말이를 만든다.

6. 먹기 좋게 썰어내면 완성!
   Tip 모양을 내고 싶다면 뜨거울 때 김밥 말이에 말아 모양을 잡은 후 한 김 식혀주세요.

 보들보들한 식감을 위해 달걀물을 푼 후 꼭 체에 걸러 알끈을 제거해주세요.

/
한 그릇 덮밥이 먹고 싶은데
짜장과 카레는 질리셨다고요?
그럼 마파두부는 어떠세요?
어렵지 않냐고요?
저를 믿고 한번 만들어보세요!
/

마파두부

 2 persons  25 min  2 day

메인 재료

○ 두부_ 1모(약 300g)
○ 간 돼지고기_ 50g
○ 양파_ 1/4개
○ 다진 대파_ 2T
○ 식용유_ 1t
○ 쪽파_ 조금
○ 물_ 200mL

양념 재료

○ 고추기름_ 5T
○ 다진 마늘_ 2T
○ 고춧가루_ 2T
○ 진간장_ 2T
○ 굴 소스_ 2T
○ 두반장_ 3T
○ 설탕_ 1T
○ 치킨스톡_ 1T

1. 두부는 한입 크기로 깍둑 썰고 양파는 곱게 다진다.

2. 중간 불로 달군 팬에 식용유, 양파, 다진 대파를 넣고 볶아 기름에 향을 낸 다음 간 돼지고기를 넣는다.

3. 돼지고기가 다 익으면 모든 양념 재료를 넣고 타지 않게 잘 섞으며 볶다 물을 붓는다.

4. 양념이 한소끔 끓으면 두부를 넣고 두부에 양념이 잘 배도록 섞은 후 5~7분 정도 끓인다.

5. 국물이 자작해지면 불을 끄고 밥과 함께 접시에 담은 후 송송 썬 쪽파를 올리면 완성!

 매운 게 싫다면 고추기름을 빼고 만들어주세요.

/
국민 생선이지만
비린내 때문에 집에서 굽기도,
먹기도 번거롭다
여기셨을 듯해요.
〈도시곳간〉이
비린내 없이 맛있게 먹을
레시피를 소개합니다.
/

고등어구이

 2 persons 분량  20 min 조리시간  3 day 냉장보관

메인 재료
○ 자반고등어_ 1마리
○ 밀가루_ 2T
○ 식용유_ 2T

양념 재료
○ 쌀뜨물_ 400mL

1. 자반고등어는 짠맛과 비린내를 빼기 위해 쌀뜨물에 10~15분 정도 담근다.
   Tip 쌀을 씻을 때 첫 번째 쌀뜨물은 버리고 2~3번째 쌀뜨물을 모아 사용해주세요.

2. 쌀뜨물에서 꺼낸 후 흐르는 물에 깨끗하게 씻은 다음 키친타월로 꾹꾹 눌러 물기를 제거한다.

3. 고등어의 앞뒤로 밀가루를 꼼꼼하게 바른다.

4. 중간 불로 달군 팬에 식용유를 두르고 고등어를 배 부분부터 올려 굽는다.

5. 배 부분이 어느 정도 익으면 고등어를 뒤집어 등 부분을 굽는다.

6. 앞뒤로 노릇노릇하게 잘 구워지면 완성!
   Tip 너무 자주 뒤집으면 고등어가 부서질 수 있으니 2~3번 정도만 뒤집어주세요.

 고등어는 구이용으로 손질된 제품을 사서 냉동실에 보관하면 오래 두고 먹을 수 있어요.

/
소풍날 인싸 되는
도시락 메뉴를 찾으시나요?
그럼 감태김밥입니다!
소풍 장소가 어디든
바다의 향을 느낄 수 있는 건
덤이지요.
/

감태김밥

 1 분량 persons 15 조리시간 min 2 냉장보관 day

메인 재료
- 감태_ 2장(예비용 포함)
- 밥_ 1공기(약 200g)
- 긴 단무지_ 2개
- 우엉_ 20g
- 당근_ 20g
- 참치_ 30g
- 달걀_ 3개

양념 재료
- 마요네즈_ 2T
- 식용유_ 2T
- 소금, 후춧가루_ 조금

1. 우엉과 당근은 채 썰어 중간 불로 달군 팬에 식용유를 두르고 볶는다.

2. 참치는 기름을 꼭 짜고 마요네즈와 후춧가루를 넣어 버무린다.

3. 볼에 달걀과 소금을 넣고 곱게 푼 후 약한 불로 달군 팬에 식용유를 두르고 얇게 부친 다음 세로로 길게 썰어 달걀 지단을 만든다.

4. 김밥 말이에 감태를 1장 올리고 밥을 감태 면적의 2/3정도로 살짝 도톰하게 깐다.

5. 밥의 끝쪽에 긴 단무지, 우엉, 당근, 참치, 달걀 지단을 적당량 올린다.

6. 김밥 말이의 끝을 들어 속 재료가 다 감싸질 만큼 말고 손으로 꼭꼭 눌러 싼다.

7. 김밥 말이째 돌려 나머지 감태 부분도 풀어지지 않게 꼭꼭 눌러 만 다음 먹기 좋은 크기로 자르면 완성!

 세프의 Tip 요리 초보라면 감태가 얇아 김밥 옆구리가 터질 확률이 높으니, 감태 2장을 겹쳐 김밥을 말아보세요.

/
제일 간단한
피크닉 도시락 메뉴에요.
특별함을 더하고 싶다면
날치알을 올려
고급스러운 유부초밥을
만들어보세요.
/

유부초밥 & 날치알유부초밥

2 persons | 20 min | 2 day

메인 재료 1
○ 유부_ 12장
○ 밥_ 2공기(약 400g)

메인 재료 2
○ 날치알_ 2T
○ 미림_ 50mL

양념 재료
○ 초밥초_ 2T
○ 참기름_ 1t
○ 통깨_ 1T

1. 뜨거운 밥에 양념 재료를 넣고 잘 섞어 밥에 밑간한 후 한 김 식힌다.
   Tip 고슬고슬한 밥으로 만들면 더 맛있어요.

2. 밥을 적당량 덜어 가볍게 뭉친 다음 유부의 입구를 벌려 유부가 찢어지지 않게 조심히 넣으면 유부초밥 완성!

3. 날치알은 미림에 담가 해동한 후 흐르는 물에 가볍게 씻어 비린내를 제거하고 고운 체에 걸러 물기를 뺀다.

4. 날치알을 유부초밥의 밥 위에 소복하게 올리면 날치알유부초밥 완성!

 날치알은 맛술 혹은 마요네즈를 조금 섞으면 비린내를 잡을 수 있어요.

/
달걀과 새우만 넣은,
심플담백하지만 포만감은 넉넉한
훌륭한 일품요리입니다.
밥 없이 한 끼 식사로도 든든해요.
/

달걀찜

2 persons | 25 min | 2 day

메인 재료

○ 달걀_ 3개
○ 생새우_ 1마리
○ 물_ 40mL

양념 재료

○ 미림_ 2T
○ 소금_ 한꼬집
○ 설탕_ 한꼬집

1. 볼에 달걀과 물, 양념 재료를 모두 넣고 거품기로 곱게 푼다.

2. 체에 달걀물을 부어 한 번 더 곱게 거른 다음 그릇에 담는다.

3. 생새우는 대가리를 떼고 내장을 빼고 껍질을 벗겨 먹기 좋게 손질한다.

4. 달걀물을 담은 그릇을 중간 불에 올려 3~5분 정도 찐다.

5. 달걀물의 표면이 익으면 손질한 생새우를 올린다.

6. 달걀물이 속까지 익도록 약한 불로 좀 더 익히면 끝!
   Tip 젓가락으로 달걀찜을 깊게 찌르고 꺼냈을 때 묻어나오는 게 없다면 다 익었어요.

셰프의 Tip 전자레인지를 사용해도 좋아요. 다만 2분씩 끊어 돌리며 익은 정도를 중간마다 확인해주세요.

/
만들기 어렵고
번거롭다고 생각하세요?
딱 한 번만 따라 해보세요.
세상에서 제일 만들기 쉬운
전 요리가 될 거예요.
/

동그랑땡

 2 persons  25 min  2 day

메인 재료

○ 간 소고기_ 150g
○ 간 돼지고기_ 150g
○ 두부_ 1/3모(약 100g)
○ 양파_ 1/4개
○ 당근_ 1/4개
○ 대파_ 1/2개
○ 달걀_ 2개
○ 밀가루_ 100mL
○ 식용유_ 2T

양념 재료

○ 다진 마늘_ 1T
○ 설탕_ 1T

1. 양파, 당근, 대파는 잘게 다지고 두부는 면보에 넣어 물기를 꼭 짠 후 잘게 으깬다.

2. 볼에 밀가루, 달걀을 제외한 모든 메인 재료를 넣는다.

3. 고기 반죽에 찰기가 생길 때까지 손으로 반복해서 잘 치댄다.

4. 숟가락으로 한 숟가락씩 떠 손바닥에 올린 후 동글납작하게 모양을 잡는다.

5. 각각의 볼에 밀가루와 달걀 푼 물을 담고 동그랑땡에 밀가루 → 달걀물 순으로 튀김옷을 입힌다.

6. 중간 불로 달군 팬에 식용유를 두르고 튀김옷을 입은 동그랑땡을 올려 노릇노릇하게 구우면 완성!

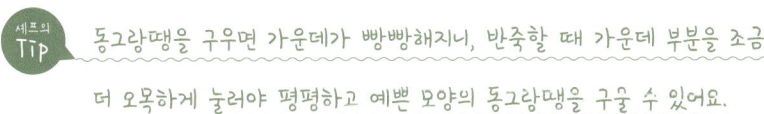

셰프의 Tip 동그랑땡을 구우면 가운데가 빵빵해지니, 반죽할 때 가운데 부분을 조금 더 오목하게 눌러야 평평하고 예쁜 모양의 동그랑땡을 구울 수 있어요.

/
가족이 모두 모이는
저녁 식사 메뉴로 딱!
꼭 삼겹살로 만들어주세요.
돼지고기 기름이 매운맛은 잡아주고
감칠맛은 듬뿍 올려주거든요.
/

통삼겹 김치찜

 2 persons  60 min  2 day

메인 재료
○ 묵은지_ 1/3포기
○ 돼지고기(통삼겹살)_ 400g
○ 양파_ 1/2개
○ 대파_ 1개
○ 채수_ 600mL

양념 재료
○ 굵은 고춧가루_ 2T
○ 고운 고춧가루_ 2T
○ 국간장_ 1T
○ 참치액젓_ 2T
○ 미림_ 2T
○ 설탕_ 2T
○ 다진 마늘_ 1T

1. 통삼겹살은 양념이 잘 배게 대각선으로 교차하며 칼집을 낸다.
2. 양파는 굵게 채 썰어 냄비 바닥에 깐다.
3. 양파 위에 삼겹살과 묵은지를 자르지 않고 그대로 올린다.
4. 삼겹살과 묵은지 위에 모든 양념 재료와 큼직하게 썬 파를 올린다.
5. 채수를 붓고 뚜껑을 닫아 중간 불에서 40~50분 정도 끓인다.
6. 젓가락으로 삼겹살을 찔렀을 때 부드럽게 쏙 들어가면 완성!

 셰프의 Tip 김치는 꼭 묵은지를 사용해주세요. 최고의 천연 MSG랍니다.

/
레시피대로만 따라 하시면
최고의 한 끼를 만날 수 있습니다.
저를 믿고 해보세요!
/

닭볶음탕

2 persons | 60 min | 4 day

메인 재료
- 닭(9~10호)_ 1마리
- 감자_ 1개
- 양파_ 1개
- 당근_ 1/3개
- 대파_ 1개
- 물_ 600mL

양념 재료
- 양조간장_ 4T
- 고추장_ 3T
- 굵은 고춧가루_ 2T
- 고운 고춧가루_ 2T
- 미림_ 2T
- 조청_ 2T
- 설탕_ 2T
- 다진 마늘_ 1T

1. 닭은 씻지 말고 부위별로 먹기 좋게 토막 내고 껍질을 적당히 벗겨 준비한다.
   Tip 손질이 번거롭다면 닭볶음탕용 닭을 준비하셔도 좋아요.

2. 끓는 물에 닭을 넣어 핏기가 가실 정도만 데친 후 찬물에 깨끗하게 씻는다.

3. 감자, 양파, 당근, 대파는 큼직하게 썰어 준비한다.

4. 양념 재료를 모두 섞어 양념장을 준비한다.

5. 깊이감 있는 냄비에 닭, 양념장, 물을 넣고 중간 불로 20분 정도 팔팔 끓이다 감자와 당근을 넣는다.
   Tip 물은 닭이 잠길 정도로 넉넉히 부어주세요.

6. 어느 정도 국물이 자작해지면 양파를 넣고 10분 정도 더 끓이다 대파를 넣고 조금 더 끓이면 완성!

셰프의 Tip 닭에서 불순물이 많이 나오니 꼭 끓는 물에 데친 후 조리하세요.

/
〈도시곳간〉의 레시피를
아낌없이 공개하고 있지만,
이 양념게장 레시피만은
공개할 때 눈물이 찔끔 났어요.
그만큼 쉽고 맛있으니
꼭 만들어보세요.
/

양념게장

메인 재료
○ 절단 꽃게_ 3마리

양념 재료
○ 굵은 고춧가루_ 6T
○ 고운 고춧가루_ 4T
○ 조청_ 250mL
○ 참치액젓_ 3T
○ 생강청(or 다진 생강)_ 1T
○ 다진 마늘_ 100g
○ 양조간장_ 2T
○ 설탕_ 1T
○ 사이다_ 50mL
○ 미림_ 3T
○ 통깨_ 2T
○ 후춧가루_ 조금

1. 볼에 통깨를 제외한 모든 양념 재료를 섞어 양념장을 만든 후 냉장고에서 2일 정도 숙성한다.

2. 절단 꽃게는 찬물에 담가 해동한 후 키친타월로 꾹꾹 눌러 물기를 제거한다.

3. 양념장을 담은 볼에 절단 꽃게를 넣고 양념이 잘 배게 버무리면 완성!

 냉동 절단 꽃게를 사용할 때는 충분히 해동해 물기를 최대한 제거해주세요.

/
향신료 향 때문에
카레를 싫어하는 아이가 제법 있지요?
그렇다면 카레보다 더 만들기 쉬운
짜장은 어떠세요?
/

짜장

메인 재료

○ 짜장 가루_ 100g
○ 소고기_ 150g
○ 양파_ 1개
○ 당근_ 1개
○ 감자_ 1개
○ 대파_ 1/4개
○ 식용유_ 4T
○ 물_ 600mL

양념 재료

○ 참치액젓_ 1T
○ 설탕_ 1T

1. 소고기, 양파, 당근, 감자는 비슷한 한입 크기로 썰고, 대파는 얇게 송송 썬다.

2. 중간 불로 달군 팬에 식용유를 두르고 송송 썬 대파를 올려 볶아 파 기름을 낸다.

3. 당근 → 감자 → 양파 → 소고기 순서로 넣으며 볶는다.

4. 소고기가 어느 정도 익으면 약한 불로 줄이고 짜장 가루를 넣어 섞듯이 좀 더 볶는다.

5. 물을 붓고 다시 중간 불로 올려 짜장 국물이 자작해질 때까지 끓인다.

6. 참치액젓과 설탕을 넣어 풍미를 높이면 완성!

 평소 아이가 싫어하는 채소가 있다면 잘게 다져 짜장 가루에 잘 풀어 섞어보세요. 아이 스스로 채소를 먹을 기회입니다.

/
밑반찬으로도,
손님상 메뉴로도 훌륭해요!
많이 만들어 냉동실에 보관했다
에어프라이어로 구우면
언제나 맛있게 먹을 수 있어요.
/

떡갈비

 2 persons | 25 min |  2 day

메인 재료

○ 간 소고기_ 300g
○ 다진 양파_ 3T
○ 다진 마늘_ 1T
○ 빵가루_ 2T
○ 단호박 슬라이스_ 4조각
○ 새송이버섯_ 1개
○ 미니 당근_ 4개
○ 방울토마토_ 3알
○ 베이비채소(가니쉬용)_ 조금
○ 통깨_ 조금
○ 식용유_ 1T

양념 재료

○ 양조간장_ 3T
○ 설탕_ 2T
○ 참기름_ 1T
○ 소금, 후춧가루_ 조금

1. 볼에 간 소고기, 다진 양파, 다진 마늘, 빵가루, 소금, 후춧가루를 넣고 찰기가 생길 때까지 잘 치댄 후 3덩이로 나누어 모양을 잡아 동글납작하게 빚는다.

2. 새송이버섯은 세로로 길게 도톰히 편 썰고, 방울토마토는 반으로 썰고, 베이비채소는 흐르는 물에 가볍게 씻어 물기를 털어낸다.

3. 양조간장, 설탕, 참기름을 섞어 양념장을 만든다.

4. 중간 불로 달군 팬에 식용유를 두르고 떡갈비를 올려 앞뒤로 뒤집으며 굽는다.

5. 떡갈비가 어느 정도 익으면 단호박 슬라이스, 미니 당근, 새송이버섯을 올려 함께 굽는다.

6. 가니쉬용 채소가 다 구워지면 따로 덜어 담고, 양념장을 부어 떡갈비에 양념이 배게 좀 더 굽는다.

7. 접시에 떡갈비, 구운 채소와 베이비채소, 방울토마토를 곁들이면 완성!

 셰프의 Tip 고기를 반죽할 때 좋아하는 향신료나 채소 등을 잘게 다져 함께 섞어 만들어도 좋아요.

/
간단해 보이지만
맛있게 만들기는
어려운 요리지요?
〈도시곳간〉이
여러 레시피를 시도해
가장 맛있는
양념 조합을 만들었어요!
짜지 않아 아이가
먹기에도 좋아요.
/

돼지불고기

 2 persons 분량  30 min 조리시간 3 day 냉장보관

메인 재료
○ 돼지고기(앞다릿살)_ 300g
○ 쪽파_ 조금

양념 재료
○ 양조간장_ 2와 1/2T
○ 노두유_ 1T
○ 미림_ 2T
○ 참기름_ 1T
○ 설탕_ 2T
○ 다진 마늘_ 1T
○ 짜장 가루_ 1T
○ 후춧가루_ 조금

1. 돼지고기(앞다릿살)는 키친타월로 꾹꾹 눌러 핏물을 제거하고 쪽파는 잘게 송송 썬다.

2. 볼에 손질한 돼지고기와 모든 양념 재료를 넣고 돼지고기를 재운다.

3. 중간 불로 달군 팬에 양념에 재운 돼지고기를 올려 볶는다.
   Tip 채소를 넣는다면 양파와 당근이 잘 어울려요. 2인분 기준 양파 1/2개, 당근 1/4개를 얇게 채 썰어 함께 볶아주세요.

4. 고기가 잘 익으면 그릇에 담고 송송 썬 쪽파를 올리면 완성!

 셰프의 Tip 돼지고기를 양념 후 냉장고에서 30분~1시간 정도 재우면 더 부드럽고 간이 잘 밴 돼지불고기를 먹을 수 있어요.

/
이제 배달 치킨은 그만!
밥반찬으로도,
피크닉이나
캠핑 요리로도 안성맞춤인
닭다리구이 레시피를
알려드릴게요.
/

닭다리구이

 2 persons 분량 30 min 조리시간  3 day 냉장보관

메인 재료

○ 닭다리_ 4개
○ 튀김가루_ 100g
○ 식용유_ 100g

양념 재료

○ 소금_ 2t
○ 설탕_ 2T
○ 후춧가루_ 2t
○ 파프리카 가루_ 2T

1. 닭다리는 양념이 잘 배게 살에 사선으로 칼집을 낸 후 키친타월로 남은 물기를 닦는다.

2. 양념 재료를 모두 섞어 닭다리에 골고루 바른다.

3. 양념 된 닭다리에 튀김가루를 골고루 바른다.

4. 중간 불로 달군 팬에 식용유를 자작하게 붓고 닭다리를 올려 이리저리 굴려 가며 굽는다.
    Tip 바삭한 튀김을 원한다면 식용유 170도에서 1번, 180도에서 1번 총 2번 튀겨주세요.
    Tip 에어프라이어를 사용한다면 식용유를 바르고 180도로 예열해 20분 정도 구워주세요.

5. 나무 꼬치 등으로 닭다리를 찔러보았을 때 부드럽게 쓱 들어가면 완성!

 닭다리는 손질 후 물기를 최대한 제거해야 양념도 잘 배고 기름에 바싹하게 튀기거나 구울 수 있어요.

재료별 INDEX [참조] 자주 쓰는 기본 양념은 제외하고 작성되었습니다.

가지
가지강정볶음 p.115
가지볶음 p.133
건가지볶음 p.137
어향가지 p.193

감자
감자조림 p.93
감자채볶음 p.141
차돌박이된장찌개 p.185
카레 p.197
찜닭 p.203
미트볼카레 p.211
닭볶음탕 p.243
짜장 p.247

감태
감태김밥 p.233

건 고추
돼지갈비찜 p.201
찜닭 p.203

건 새우
건새우볶음 p.135

검은콩
검은콩조림&땅콩조림&
씨앗콩조림 p.95

견과류
실치볶음&아귀포볶음 p.127
오징어실채볶음 p.131
명엽채볶음 p.149
멸치볶음&호두멸치볶음&
꽈리멸치볶음 p.151

고구마줄기
고구마줄기볶음 p.77

곤이, 생선알
알탕 p.181

고등어
고등어조림 p.103
고등어구이 p.231

고사리나물
고사리나물볶음 p.81
육개장 p.175

곤드레나물
곤드레나물볶음 p.55

굴 가루
유채나물무침 p.45
두부김치볶음 p.119
건가지볶음 p.137
김치볶음 p.155
참치김치볶음 p.159
꽃게탕 p.169
육개장 p.175
차돌박이된장찌개 p.185
우거지된장국 p.187

굴 소스
가지강정볶음 p.115
보리새우마늘종볶음 p.129
가지볶음 p.133
그린빈표고버섯볶음 p.139
들깨표고버섯볶음 p.145
새송이버섯볶음 p.161
순두부찌개 p.179
어향가지 p.193
마파두부 p.229

궁채나물
궁채나물볶음 p.57
무꼬들장아찌&양파장아
찌&고추장아찌&
궁채장아찌 p.109

그린빈
그린빈표고버섯볶음 p.139
함박스테이크 p.205

연어스테이크 p.223

김치
두부김치볶음 p.119
김치볶음 p.155
참치김치볶음 p.159
돼지고기김치찌개 p.167
김치콩나물국 p.173
돼지고기김치찜 p.221
통삼겹김치찜 p.241

꽃게
꽃게탕 p.169
양념게장 p.245

꽈리고추
메추리알장조림 p.101
멸치볶음&호두멸치볶음&
꽈리멸치볶음 p.151

날치알
유부초밥&날치알유부초밥
p.235

납작어묵
어묵볶음&매콤어묵볶음
p.143

노두유
소고기장조림&돼지고기장
조림 p.97
메추리알장조림 p.101
찜닭 p.203
돼지불고기 p.251

느타리버섯
흑임자버섯무침 p.41
육개장 p.175
소불고기전골 p.213

단호박
돼지갈비찜 p.201

단호박오리찜 p.215
떡갈비 p.249

달걀
반숙란장조림 p.91
순두부찌개 p.179
함박스테이크 p.205
달걀말이 p.227
감태김밥 p.233
달걀찜 p.237
동그랑땡 p.239

닭
찜닭 p.203
치킨윙간장조림 p.209
닭갈비 p.225
닭볶음탕 p.243
닭다리구이 p.253

당근
시금치나물무침 p.79
감자조림 p.93
모둠채소피클&줄리엔피
클&비트채소피클 p.107
미역줄기볶음 p.117
소시지채소볶음 p.123
애호박볶음 p.125
가지볶음 p.133
카레 p.197
돼지갈비찜 p.201
찜닭 p.203
함박스테이크 p.205
잡채 p.207)
미트볼카레 p.211
제육볶음 p.217
소불고기볶음 p.219
연어스테이크 p.223
닭갈비 p.225
감태김밥 p.233
동그랑땡 p.239
닭볶음탕 p.243
짜장 p.247

떡갈비 p.249
돼지불고기 p.251

당면
찜닭 p.203
잡채 p.207

대파
취나물볶음 p.43
곤드레나물볶음 p.55
부지깽이나물볶음 p.69
호박고지나물볶음 p.73
고사리나물볶음 p.81
무나물볶음 p.85
반숙란장조림 p.91
소고기장조림&
돼지고기장조림 p.97
두부조림 p.99
고등어조림 p.103
돼지고기김치찌개 p.167
꽃게탕 p.169
갈비탕 p.171
김치콩나물국 p.173
육개장 p.175
황태뭇국 p.177
순두부찌개 p.179
알탕 p.181
차돌박이된장찌개 p.185
우거지된장국 p.187
어향가지 p.193
보쌈 p.195
코다리조림 p.199
찜닭 p.203
소불고기전골 p.213
제육볶음 p.217
돼지고기김치찜 p.221
닭갈비 p.225
마파두부 p.229
동그랑땡 p.239
통삼겹김치찜 p.241
닭볶음탕 p.243
짜장 p.247

더덕
더덕무침 p.83

도라지
도라지고추장무침 p.47
도라지나물무침 p.59

돼지고기
소고기장조림&
돼지고기장조림 p.97
돼지고기김치찌개 p.167
어향가지 p.193
보쌈 p.195
돼지갈비찜 p.201
함박스테이크 p.205
잡채 p.207
미트볼카레 p.211
제육볶음 p.217
돼지고기김치찜 p.221
마파두부 p.29
동그랑땡 p.239
통삼겹김치찜 p.241
돼지불고기 p.251

두반장
어향가지 p.193
마파두부 p.229

두부, 순두부
두부조림 p.99
두부김치볶음 p.119
두부강정볶음 p.147
돼지고기김치찌개 p.167
꽃게탕 p.169
순두부찌개 p.179
차돌박이된장찌개 p.185
마파두부 p.229
동그랑땡 p.239

들깻가루
궁채나물볶음 p.57
호박고지나물볶음 p.73
고구마줄기볶음 p.77
고사리나물볶음 p.81
건가지볶음 p.137
들깨표고버섯볶음 p.145
들깨미역국 p.189

땅콩
검은콩조림&땅콩조림&
씨앗콩조림 p.95

마늘
취나물볶음 p.43
도라지고추장무침 p.47
무말랭이무침 p.49
김무침 p.51
오이고추쌈장무침 p.53
곤드레나물볶음 p.55
궁채나물볶음 p.57
도라지나물무침 p.59
마늘종무침 p.61
파래무침 p.63
부지깽이나물볶음 p.69
호박고지나물볶음 p.73
오이무침 p.75
고구마줄기볶음 p.77
시금치나물무침 p.79
고사리나물볶음 p.81
더덕무침 p.83
소고기장조림&
돼지고기장조림 p.97
두부조림 p.99
고등어조림 p.103
미역줄기볶음 p.117
보리새우마늘종볶음 p.129
가지볶음 p.133
그린빈표고버섯볶음 p.139
목이버섯볶음 p.153
새송이버섯볶음 p.161
소고기뭇국 p.165
돼지고기김치찌개 p.167
꽃게탕 p.169
갈비탕 p.171
김치콩나물국 p.173
육개장 p.175
순두부찌개 p.179
알탕 p.181
소고기미역국 p.183
차돌박이된장찌개 p.185
우거지된장국 p.187
들깨미역국 p.189
어향가지 p.93
코다리조림 p.199

돼지갈비찜 p.201
찜닭 p.203
제육볶음 p.217
소불고기볶음 p.219
돼지고기김치찜 p.221
닭갈비 p.225
마파두부 p.229
동그랑땡 p.239
통삼겹김치찜 p.241
닭볶음탕 p.243
양념게장 p.243
떡갈비 p.249
돼지불고기 p.251

마늘종
무말랭이무침 p.49
마늘종무침 p.61
보리새우마늘종볶음 p.129
어묵볶음&매콤어묵볶음 p.143

마요네즈
흑임자버섯무침 p.41
진미채볶음 p.121
실치볶음&아귀포볶음 p.127
명엽채볶음 p.149
멸치볶음&호두멸치볶음&
꽈리멸치볶음 p.151
감태김밥 p.233

매실청
무말랭이무침 p.49
김무침 p.51
무꼬들장아찌&
양파장아찌&고추장아찌&
궁채장아찌 p.109
방울토마토매실절임 p.111

메추리알
메추리알장조림 p.101

멸치
멸치볶음&호두멸치볶음&
꽈리멸치볶음 p.151
고추장멸치볶음 p.157
우거지된장국 p.187

소불고기전골 p.213

명엽채
명엽채볶음 p.149

목이버섯
목이버섯볶음 p.153
잡채 p.207
소불고기전골 p.213

무
파래무침 p.63
무나물볶음 p.85
반숙란장조림 p.91
두부조림 p.99
고등어조림 p.103
모둠채소피클&
줄리엔피클&
비트채소피클 p.107
무꼬들장아찌&
양파장아찌&고추장아찌&
궁채장아찌 p.109
소고기뭇국 p.165
꽃게탕 p.169
갈비탕 p.171
황태뭇국 p.177
알탕 p.181
차돌박이된장찌개 p.185
돼지갈비찜 p.201

무말랭이
무말랭이무침 p.49

미역
소고기미역국 p.183
들깨미역국 p.189

미역 줄기
미역줄기볶음 p.117

방울토마토
방울토마토매실절임 p.111
함박스테이크 p.205
떡갈비 p.249

베이비채소
함박스테이크 p.205
연어스테이크 p.223
떡갈비 p.249

베트남 고추
목이버섯볶음 p.153

보리새우
보리새우마늘종볶음 p.129

부지깽이나물
부지깽이나물볶음 p.69

부추
흑임자버섯무침 p.41
숙주나물무침 p.65
콩나물무침 p.67
오이무침 p.75
들깨표고버섯볶음 p.145
목이버섯볶음 p.153
보쌈 p.195
잡채 p.207

비엔나소시지
소시지채소볶음 p.123

비트
모둠채소피클&
줄리엔피클&
비트채소피클 p.107

새송이버섯
새송이버섯볶음 p.161
떡갈비 p.249

새우젓
두부조림 p.99
애호박볶음 p.125
순두부찌개 p.179
알탕 p.181

생강
보쌈 p.195
닭갈비 p.225
양념게장 p.245

생김
김무침 p.51

생새우
달걀찜 p.237

소고기
소고기장조림&
돼지고기장조림 p.97
소고기뭇국 p.165
갈비탕 p.171
육개장 p.175
순두부찌개 p.179
소고기미역국 p.183
차돌박이된장찌개 p.185
카레 p.197
함박스테이크 p.205
미트볼카레 p.211
소불고기전골 p.213
소불고기볶음 p.219
동그랑땡 p.239
짜장 p.247
떡갈비 p.249

숙주나물
숙주나물무침 p.65
육개장 p.175

시금치
시금치나물무침 p.79

실치
실치볶음&아귀포볶음 p.127

씨앗
검은콩조림&땅콩조림&
씨앗콩조림 p.95

아귀포
실치볶음&아귀포볶음 p.127

아스파라거스
소불고기전골 p.213

알배추
소불고기전골 p.213

애호박
애호박볶음 p.125

양배추
소불고기볶음 p.219
닭갈비 p.225

양파
궁채나물볶음 p.57
숙주나물무침 p.65
오이무침 p.75
고구마줄기볶음 p.77
시금치나물무침 p.79
반숙란장조림 p.91
감자조림 p.93
소고기장조림&돼지고기장
조림 p.97
두부조림 p.99
고등어조림 p.103
무꼬들장아찌&양파장아
찌&고추장아찌&궁채장아
찌 p.109
미역줄기볶음 p.117
두부김치볶음 p.119
소시지채소볶음 p.123
애호박볶음 p.125
가지볶음 p.133
건가지볶음 p.137
그린빈표고버섯볶음 p.139
감자채볶음 p.141
어묵볶음&매콤어묵볶음 p.143
목이버섯볶음 p.153
김치볶음 p.155
참치김치볶음 p.159
돼지고기김치찌개 p.167
꽃게탕 p.169
갈비탕 p.171
순두부찌개 p.179
차돌박이된장찌개 p.185
어향가지 p.193
보쌈 p.195
카레 p.197
찜닭 p.203
함박스테이크 p.205
잡채 p.207

미트볼카레 p.211
제육볶음 p.217
소불고기볶음 p.219
돼지고기김치찜 p.221
연어스테이크 p.223
마파두부 p.229
동그랑땡 p.239
통삼겹김치찜 p.241
닭볶음탕 p.243
짜장 p.247
떡갈비 p.249
돼지불고기 p.251

연근
연근조림 p.89

연어
연어스테이크 p.223

오이
오이무침 p.75
모둠채소피클&줄리엔피클&비트채소피클 p.107

오이고추
오이고추쌈장무침 p.53

오징어 실채
오징어실채볶음 p.131

우거지나물
우거지된장국 p.187

우엉
우엉조림 p.105
감태김밥 p.233

유부
유부초밥&
날치알유부초밥 p.235

유채나물
유채나물무침 p.45

진미채
진미채볶음 p.121

짜장 가루
감자조림 p.93
돼지갈비찜 p.201
찜닭 p.203
짜장 p.247
돼지불고기 p.251

쪽파
감자조림 p.93
두부강정볶음 p.147
김치볶음 p.155
참치김치볶음 p.159
새송이버섯볶음 p.161
마파두부 p.29
돼지불고기 p.251

참치
참치김치볶음 p.159
감태김밥 p.233

청·홍고추
반숙란장조림 p.91
메추리알장조림 p.101
무꼬들장아찌&
양파장아찌&고추장아찌&
궁채장아찌 p.109
순두부찌개 p.179
어향가지 p.193

참치액젓
무말랭이무침 p.49
숙주나물무침 p.65
콩나물무침 p.67
목이버섯볶음 p.153
소고기뭇국 p.165
돼지고기김치찌개 p.167
꽃게탕 p.169
김치콩나물국 p.173
황태뭇국 p.177
알탕 p.181
소고기미역국 p.183
들깨미역국 p.189
보쌈 p.195
카레 p.197
미트볼카레 p.211
소불고기전골 p.213

돼지고기김치찜 p.221
통삼겹김치찜 p.241
양념게장 p.245
짜장 p.247

청·홍피망
미역줄기볶음 p.117
소시지채소볶음 p.123
감자채볶음 p.141

청양고추
황태뭇국 p.177
순두부찌개 p.179
알탕 p.181
코다리조림 p.199

취나물
취나물볶음 p.43

카레 가루
카레 p.197
미트볼카레 p.211
닭갈비 p.225

코다리
코다리조림 p.199

콩나물
콩나물무침 p.67
김치콩나물국 p.173

통후추
소고기장조림&
돼지고기장조림 p.97
갈비탕 p.171
보쌈 p.195

파래
파래무침 p.63

파프리카
소시지채소볶음 p.123
가지볶음 p.133
닭다리구이 p.253

표고버섯
취나물볶음 p.43
오이고추쌈장무침 p.53
곤드레나물볶음 p.55
도라지나물무침 p.59
반숙란장조림 p.91
그린빈표고버섯볶음 p.139
들깨표고버섯볶음 p.145
돼지고기김치찌개 p.167
육개장 p.175
알탕 p.181
소고기미역국 p.183
차돌박이된장찌개 p.185
들깨미역국 p.189
찜닭 p.203
소불고기전골 p.213
닭갈비 p.225

햄
감자채볶음 p.141

호두
멸치볶음&호두멸치볶음&
꽈리멸치볶음 p.151

호박고지나물
호박고지나물볶음 p.73

황태채, 황태포
황태포무침 p.71
황태뭇국 p.177

훈제오리
단호박오리찜 p.215

흑임자 가루
흑임자버섯무침 p.41

미슐랭 셰프의 조리 비법과 시골 농부의 재료로 만드는 건강한 밑반찬 116가지!

도시곳간 반찬 이야기

초판 1쇄 발행 | 2021년 9월 24일
초판 5쇄 발행 | 2023년 5월 30일

지은이 | 민요한

대표 | 장선희 **총괄** | 이영철
기획편집 | 현미나, 한이슬, 정시아
디자인 | 김효숙, 최아영   **외주디자인** | 랄랄라디자인
마케팅 | 최의범, 임지윤, 김현진, 이동희
경영관리 | 이지현

사진 | 810 스튜디오 박동민, 임단비, 윤승혁
푸드스타일링 | 형님(ST.형님) 어시스턴트 임수영, 유채빈

펴낸곳 | 서사원
출판등록 | 제2018-000296호
주소 | 서울시 마포구 월드컵북로400 문화콘텐츠센터 5층 22호
전화 | 02-898-8778
팩스 | 02-6008-1673
이메일 | cr@seosawon.com
네이버포스트 | post.naver.com/seosawon
페이스북 | www.facebook.com/seosawon
인스타그램 | www.instagram.com/seosawon

ⓒ 민요한, 2021

ISBN 979-11-90179-98-0 13590

- 이 책은 저작권법에 따라 보호를 받는 저작물이므로 무단 전재와 무단 복제를 금지합니다.
- 이 책 내용의 전부 또는 일부를 이용하려면 반드시 저작권자와 서사원 주식회사의 서면 동의를 받아야 합니다.
- 잘못된 책은 구입하신 서점에서 바꿔드립니다.
- 책값은 뒤표지에 있습니다.

서사원은 독자 여러분의 책에 관한 아이디어와 원고 투고를 설레는 마음으로 기다리고 있습니다. 책으로 엮기를 원하는 아이디어가 있으신 분은 이메일 cr@seosawon.com으로 간단한 개요와 취지, 연락처 등을 보내주세요. 고민을 멈추고 실행해보세요. 꿈이 이루어집니다.

TACKAON
' 변하지 않는 가치 '

' TACKAON '은 식탁을 의미하는 '卓(탁)'과 중심이라는 우리말 '가온'의 합성어입니다.
나아가 음식을 준비하고 식사를 하는 다이닝 공간에서 늘 함께 하고자 하는 마음을 담았습니다.

100% 국내 생산을 추구하는 브랜드 "탁가온" 은 오랜 시간이 지나도
변하지 않는 가치를 지닌 건강한 테이블웨어 제품을 제안합니다.

민요한 셰프의 요리가 담긴 고유시리즈는 탁가온에서 제공되었습니다.

탁가온 공식 인스타그램 계정

@tackaon

탁가온 공식 온라인스토어

www.tackaon.com

공식 온라인 스토어에서 다양한 혜택을 만나보세요.

NEOFLAM

FIKA, THE PORCELAIN ONE

coming soon.

네오플램샵
바로가기

피카 더 포슬린 원

10월
네오플램샵에서 만나보세요

WWW.NEOFLAMSHOP.CO.KR